S-AR

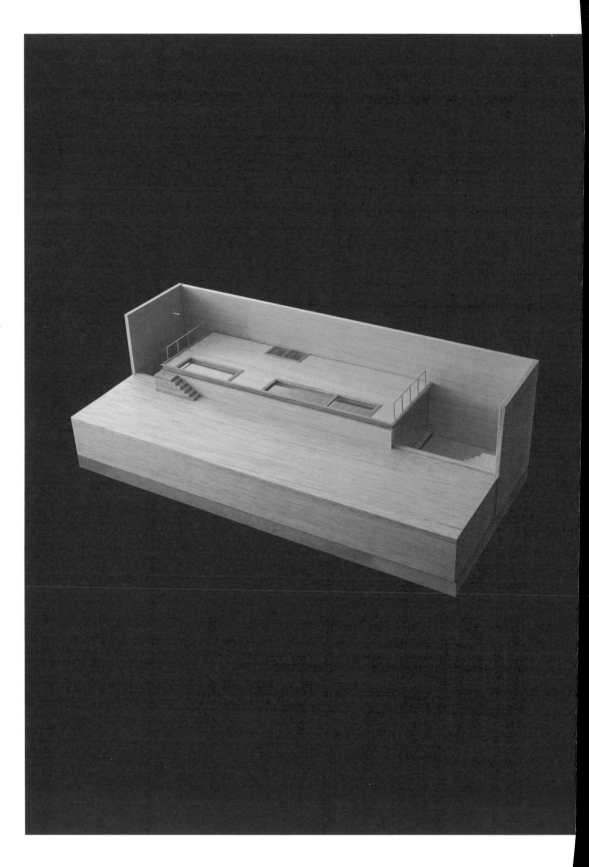

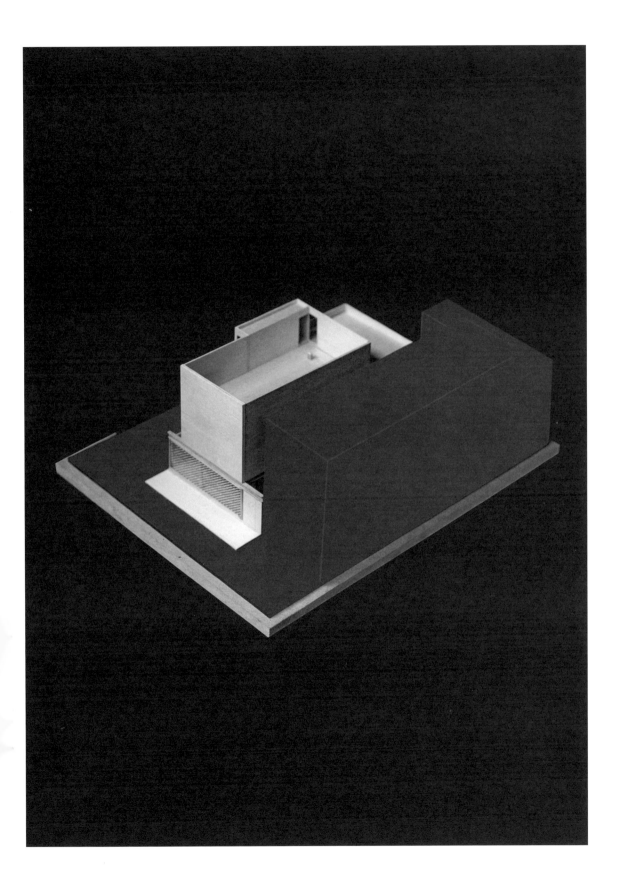

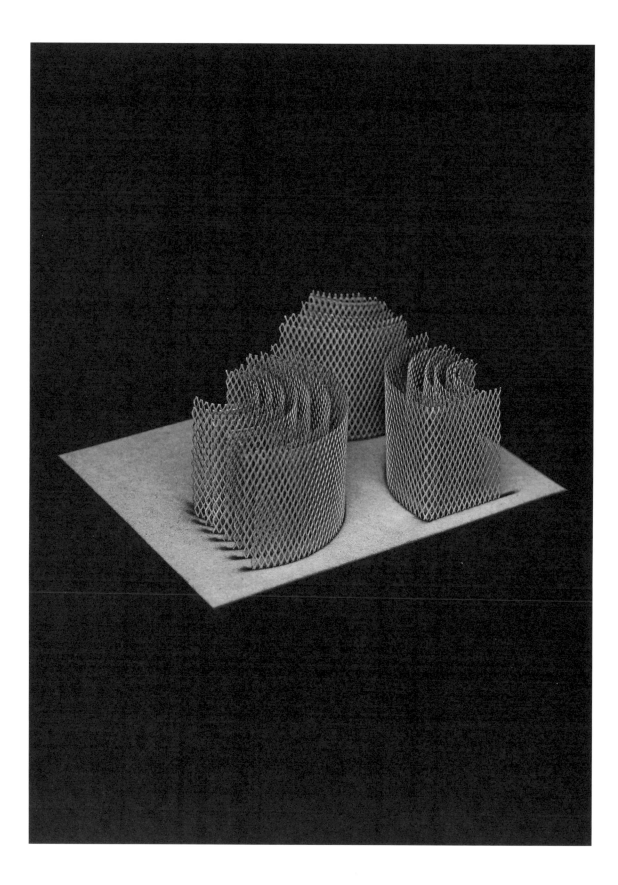

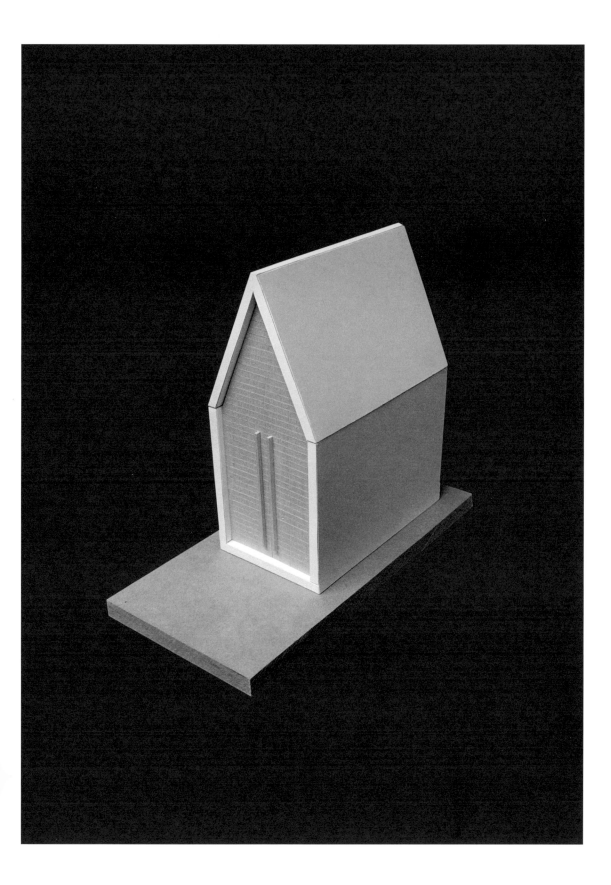

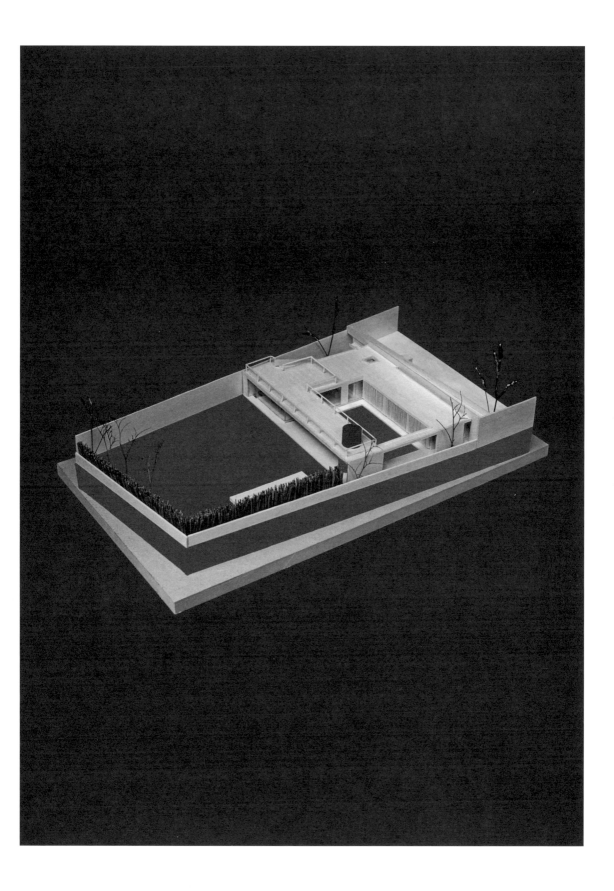

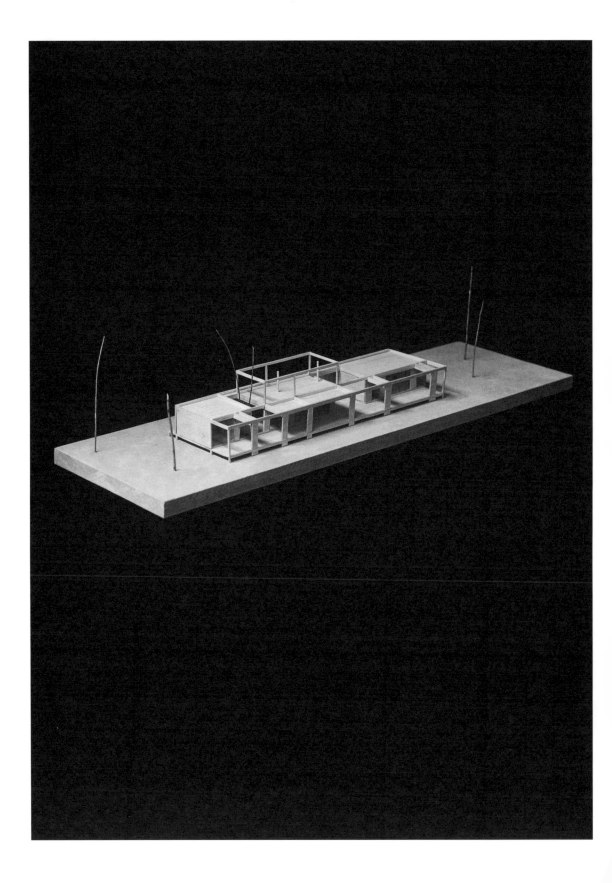

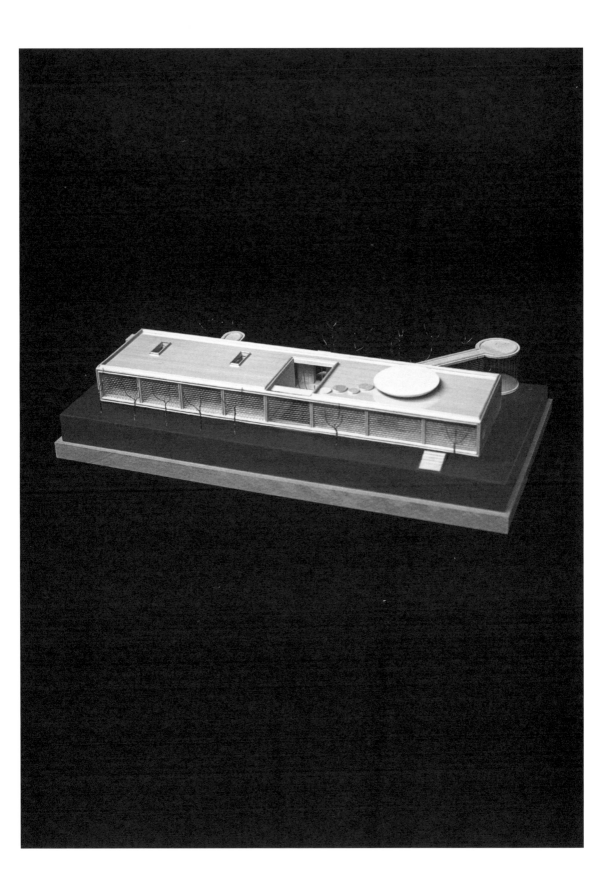

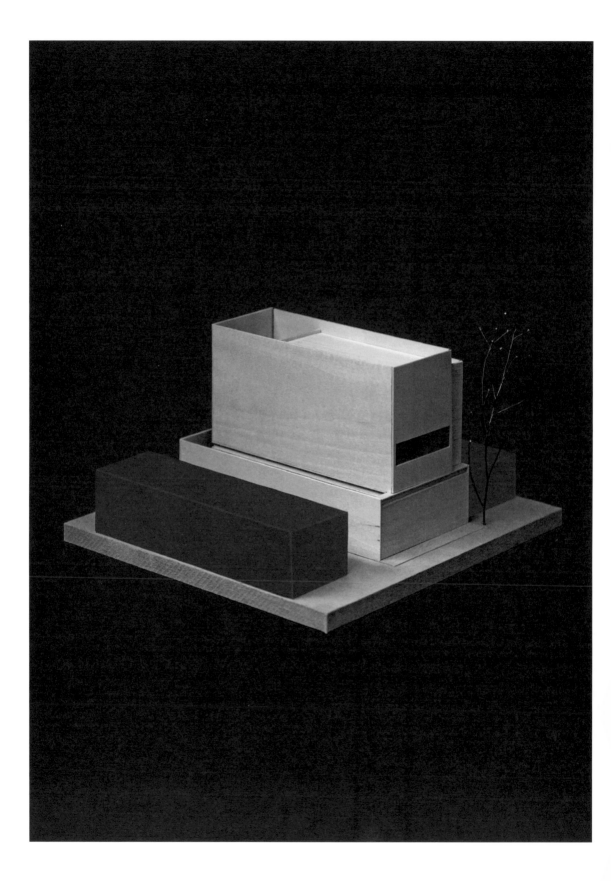

S–AR

César Guerero
Ana Cecilia Garza

Textos Texts

Carlos Bedoya
Miquel Adrià

Arquine

Contents

Contenido

No more geniuses, nor heroic acts by architects to reinvent the wheel

Carlos Bedoya

I first got to know S-AR in 2016 when they exhibited their work at a platform for architectural thinking and criticism called LIGA, ES-PACIO PARA ARQUITECTURA, a space my colleagues and I opened a few years ago. At that time, we realized that the team from Monterrey possessed a number of interests we considered to be authentic and worthy of exhibiting for further reflection. Since then, S-AR has developed, perfected and expanded these interests to form its own body of thought about architecture. With this approach, S-AR has found an echo for its ideas in both its built work and the texts it has written, further enriched by collaborations with specialists they have also invited to write. These interviews and essays have offered new readings of their work and ideas, expanding the range of interpretation.

The themes addressed by S-AR range from the use of appropriate materials and technologies to their connection with the economic management of time and of human and financial capital. This means revealing the logical and proper sequence of a building project based on its geographical, economic and social context. That is, S-AR shows us the importance of the passage of time, its transcendence and duration, where architecture is understood both as a translator of information and as an organizing principle.

In S-AR's own words, form follows knowledge, and function follows the person. Architecture is nothing other than a builder of space, reconfiguring the void by means of technique and the understanding of materials and the way in which these are used, intended, configured, reconfigured and translated for us.

All these elements make sense once they are juxtaposed and confront and challenge each other, which is when they produce a meaningful whole. S-AR explains how these interests can be

No más genios ni actos heroicos de los arquitectos por descubrir el hilo negro

Carlos Bedoya

Conocí a S-AR en el año 2016, cuando participaron como expositores en una plataforma de pensamiento y crítica arquitectónica llamada LIGA I ESPACIO PARA ARQUITECTURA, lugar que abrimos hace algunos años mis socios y yo. A partir de ese momento, nos dimos cuenta de que este equipo de Monterrey tenía ciertos intereses que nos parecían auténticos y que valía la pena exponer para reflexionar sobre ellos. Desde entonces, S-AR ha desarrollado, depurado y ampliado estos intereses hasta formar un cuerpo de pensamiento propio acerca de lo que considera *arquitectura*. A partir de esta postura, S-AR ha hecho eco de sus ideas difundiendo tanto su trabajo material como textos propios. Además, esto se ha enriquecido con colaboraciones de especialistas a quienes también han invitado a escribir. Las entrevistas y ensayos, aparecidos en diversas publicaciones, han dado nuevas lecturas a su obra y pensamiento. El espectro, pues, no ha hecho otra cosa que aumentar.

Los temas que S-AR aborda van desde la utilización de materiales y tecnologías adecuadas, hasta la vinculación de éstas con la gestión económica del tiempo, así como del capital humano y pecuniario. Esto no es otra cosa que mostrar la secuencia lógica y adecuada de una obra en función de su contexto geográfico, económico y social. Es decir, S-AR nos muestra la importancia del paso del tiempo, su trascendencia y duración, en una obra donde la arquitectura se entiende como un traductor de información y como un ente organizador.

En palabras de S-AR, la forma sigue al conocimiento y la función a la persona. La arquitectura no es otra cosa que la constructora del espacio: la que reconfigura el vacío por medio de la técnica y el entendimiento de los materiales y la forma en que se utilizan, se piensan, se configuran, se reconfiguran y se traducen por nosotros.

organized by means of three aspects: *ideas* (the collective mind that imagines), *materials* (the available resources) and *persons* (the management of human labor). The importance of the projects and the true point of reflecting on architecture lies in this series of interactions: the understanding that, through the diversity of the different parts, an idea emerges that complements and completes the vision of the world to which we belong.

Álvaro Siza has written that he does not like to design solely with his own hands, as he sees this as sterile. The Portuguese architect believes in the necessary interaction between things, where each element is transformed when it enters into relation with another, and acquires new meanings as a result. He thinks that architecture becomes smart when it is understood through a number of different individuals, which gives it perspective, rather than a limited, unilateral vision.

To support this idea we may turn to Jacques Lacan, who explored the importance of correspondence, dependency and construction through the concept of complementarities. Unlike Freud, when it came to the construction of the human world Lacan was opposed to addressing the problem of the ego as if it were something isolated rather than something that articulates itself within the complexity of the world. In his view, understanding the human being in the former way deprived it of perspective. By treating the ego as something separate, it became decontextualized and hindered analysis, as the lack of interaction with its context made it easy to manipulate and therefore lacking in self-awareness. The problem lay in an autonomous analysis of the ego. Lacan tried to explain this through the figure of the Dionysian, as a representation of the subconscious, and the Apollonian, as a representation of the ego: the separation of these poles led to an unbalanced being. It is in the awareness of both poles that it possible to understand the human being, and thus achieve the ideal balance.

Architecture is not so very far removed from the perspective of Siza nor of Lacan, since we cannot understand it through isolated elements or decisions. We cannot think of it only in terms of material, structure, function or appearance. In isolation, each of these elements produces a fragmented, fractured reading, not only of architecture but of our being in the world.

That is why, when we see a work of architecture we understand it on the basis of its relationship with its immediate context and with those who will live there, because we need the other in order to make sense of things: the world is defined by its context, in opposition and in equilibrium. When understood in this

Todos estos componentes cobran sentido una vez que se articulan, se enfrentan y se confrontan, pues generan un conjunto significante. S-AR explica cómo estos intereses se pueden organizar por medio de tres aspectos: *ideas* —la mente colectiva que imagina—, *materia* —los recursos disponibles— y *personas* —la gestión del trabajo humano—. En esta serie de interacciones reside la importancia de los proyectos y el verdadero punto de reflexión en torno a la arquitectura: el entendimiento de que, a través de la diversidad de las distintas partes, se construye una idea, y que ésta complementa y completa la visión del mundo al que pertenecemos.

Álvaro Siza ha escrito que no le gustaba diseñar sólo con sus propias manos, ya que piensa que es una forma de esterilizar al diseño. Siza cree en la interacción necesaria de las cosas, donde cada elemento se transforma cuando se relaciona con otro y, por lo tanto, se resignifica. Considera que la arquitectura se vuelve inteligente cuando se entiende a través de varios personajes. Esto la pone en perspectiva, no bajo una visión unilateral y limitada.

Para afirmar esta idea, podemos citar a Jacques Lacan, quien investiga la relevancia de la correspondencia, la dependencia y la construcción a través de los complementarios. A diferencia de Freud, Lacan, refiriéndose a cómo se construye el mundo del ser humano, estaba en contra de encarar el problema del ego como si éste estuviera aislado y no fuera algo que se articula dentro de la complejidad del mundo. Para él, entender al ser de esta manera le quitaba perspectiva. Al tratar al ego como algo separado, éste se descontextualizaba y cegaba al análisis, pues la falta de interacción en el contexto lo volvía fácilmente manipulable y, por lo tanto, poco consciente de sí. El problema radicaba en un análisis autónomo del ego. Lacan trataba de explicarlo por medio de la figura de lo dionisíaco, representación del subconsciente, y lo apolíneo, representación del ego: la separación de estos polos provocaba un ser desequilibrado. En la consciencia de ambos polos se encuentra el entendimiento del ser y, por ende, el balance ideal.

La arquitectura no está lejos de la perspectiva de Siza ni de Lacan, ya que no la podemos entender mediante elementos autónomos ni decisiones aisladas. No podemos pensarla únicamente en términos de materia, de estructura, de función o de estética. Por separado, cada uno de estos elementos genera una lectura fragmentada y fracturada, no sólo de la arquitectura sino de nuestro ser en el universo.

Por eso, cuando vemos una obra de arquitectura la entendemos a partir de la relación que tiene con su contexto inmediato y con quien la vivirá, porque necesitamos del otro para darnos

way, architecture becomes a way to enhance different situations. Understanding the different components generates a dialogue in which spaces of reflection can be built, which enables us to understand ourselves through otherness, and to achieve new levels of awareness of ourselves and of our being in the world.

In the full understanding of this basic yet fundamental relationship among complementarities, the principle of architecture is not only an activity that produces places of shelter or static volumes, but spaces connected to the human experiences that we might have in them and with them. A thing acquires meaning in relation to other signifiers. As a result, the self is nothing more than its relation to the other, just as things are determined by their relations with other things.

In this way, architecture becomes an interface, an organizer of what happens in the world. Through this sensibility, it generates opportunities, an awareness of its components. Vladimir Kaspé used the term *simultaneity*, which sets out the importance of observing comprehensively all the aspects of a work. He considered architecture as a whole, as a space of *simultaneities* where all components have their own place. This promotes a great and inclusive vitality, triggering a series of encounters between hybrid and ambiguous bodies.

However, in every interaction between different parts there appear difficulties, contradictions and complexities that, rather than inhibiting relations, illuminate our thinking beyond the phenomenon of architecture, because they lead us to reflect carefully and in depth on ourselves. This obliges us to stay active and open towards life, rather than passive.

That is why designing means knowing how to listen, to see, to act. It is about *knowing*. It is the result of understanding the context in order to incorporate it, understanding the intention of each component. Ultimately, things find a balance not as isolated and static elements but because they are working together, they are only "apparently static." Balance is not the result of the immobile behavior of each thing but the exact, precise and accurate work of the forces and intentions of each mechanism that communicate in perfect harmony, with the right tension and rhythm.

So, how do architects operate? Do we innovate through ideas that apparently emerge from nothing or from the understanding that is built out of being able to listen, understand, know and recognize things? Is it through technical knowledge that we are able to manage, organize, reconfigure and thereby produce something significant? Meaning, in my view, is what happens

cuenta de las cosas: el mundo se define por su contexto en oposición y equilibrio. La arquitectura entendida así se vuelve un potenciador de situaciones. Comprendiendo los componentes se genera un diálogo en el que se construyen espacios de reflexión, una que nos permite comprendernos a nosotros mismos por medio de la otredad, aquello que promueve otros niveles de consciencia de ser y de estar en el mundo.

Bajo el pleno entendimiento de esta relación básica pero fundamental entre complementarios, está el principio de la arquitectura no sólo como una actividad que se encarga de producir refugios o volúmenes estáticos sino espacios vinculados a la propia experiencia humana que podemos tener en ellos y con ellos. Algo tiene un significado porque está en función de otros significantes. Por lo tanto, el *yo* no es otra cosa que su relación con el otro, así como las cosas son por su relación con lo demás.

Así pues, la arquitectura se convierte en una interface, en una gestora de lo que, a través de ella, pasa en el mundo. A través de la sensibilidad, se vuelve generadora de oportunidades, una consciencia de los elementos que la conforman. Al respecto, Vladimir Kaspé utilizaba el término de *simultaneidad*, el cual plantea la importancia de observar de manera integral todos los aspectos dentro de la obra, ya que consideraba a la arquitectura como un todo, un espacio de *simultaneidades* donde todos los aspectos tienen su propio lugar. Esto promueve una gran vitalidad incluyente, provocando una serie de encuentros entre cuerpos híbridos y ambiguos.

Sin embargo, en toda interacción entre partes distintas aparecen dificultades, contradicciones y complejidades que, más que coartar las relaciones, iluminan el pensamiento más allá del fenómeno arquitectónico, porque nos llevan a pensar atenta y detenidamente sobre nosotros mismos. Esto nos obliga a permanecer activos y abiertos ante la vida, no inertes.

Por eso, diseñar es saber escuchar, saber ver, saber hacer, *saber*. Es el resultado de entender al entorno para incorporarlo, comprendiendo las voluntades propias de cada componente. Al final, las cosas terminan cohabitando en equilibrio no porque que sean elementos aislados y estáticos sino, al contrario, porque están "aparentemente estáticos" trabajando en conjunto. El balance no es el resultado de un comportamiento inmóvil de cada cosa sino el trabajo exacto, preciso y milimétrico de las fuerzas y voluntades de cada dispositivo que se comunica en perfecta armonía: en una tensión y ritmo justos.

Por lo tanto, ¿cómo operamos los arquitectos? ¿Innovamos por medio de ideas que aparentemente surgen de la nada o del

when theoretical or technical knowledge is considered, listened to and put into action, without setting aside—of course—human emotions.

Even if the notion of an architecture that is understood on the basis of the complexity of its parts may seem a very obvious one, the fact is that today, with the multitude of different platforms for architecture that present hyper-real images produced in no time at all, a false idea has taken hold that architecture is quick, easy and banal. Yet ideas expressed in this way are mere formal exercises that belong to a virtual and imaginary space, and have little to do with reality. This makes it all the more important to pause and reflect again on the basic foundations of the profession. In the end, it is not about being anachronistic and ignoring technological advances, but understanding that the basic principle of architecture lies in collaboration and feedback; in architecture seen as an elementary and essential principal of human communication. The media that architecture works with will obviously evolve, as will the way in which these interact with each other, but the need one has for the other will not change. Even though it might appear so, technology cannot replace the basic principle of the profession: the bodily and physical dialogue with every aspect of a project.

There is no wheel to be reinvented, and S-AR knows this well: *architecture* is an act of human, physical and open collaboration. One that is necessary, real and worthy.

entendimiento que se construye al poder escuchar, entender, saber y conocer las cosas? ¿Es a través del conocimiento técnico que podemos ser capaces de gestionar, organizar, reconfigurar y, por lo tanto, producir algo significante? El significado, me parece, es algo que sucede cuando se mira, se escucha y se pone en acción el conocimiento teórico o técnico, sin prescindir, por supuesto, de la emoción humana.

Aunque la idea de una arquitectura entendida desde la complejidad de sus partes pareciera muy obvia, hoy en día, con la vorágine de las distintas plataformas de arquitectura que basan su proyección y contenido en imágenes hiperrealistas que se obtienen a una velocidad inhumana, se supone algo falso: que la arquitectura es inmediata, fácil y banal. Pero las ideas que se exponen así son ejercicios meramente formales que se quedan en el espacio virtual e imaginario que poco tiene que ver con la realidad. Entonces, es relevante detenerse a pensar de nuevo en los fundamentos básicos de la profesión. Al final, no se trata de parecer anacrónicos e ignorar los beneficios tecnológicos sino de entender que el principio básico de la arquitectura está en la colaboración y la retroalimentación; en la arquitectura vista como un principio elemental y esencial de comunicación humana. Los medios con los que trabaja la arquitectura obviamente irán evolucionando, la forma en cómo se relacionan éstos también, pero la necesidad del uno con el otro no cambiará. Aunque así lo pareciere, la tecnología no sustituye el principio básico del oficio: el diálogo carnal y sensible con todas las aristas del proyecto.

No hay ningún hilo negro qué descubrir y S-AR lo entiende muy bien: la *arquitectura* es un hecho de colaboración humana, sensible y abierta. Necesaria, real y valiosa.

S-AR: Variations on the box

Miquel Adrià

The architecture of S-AR is "synthetic and reductive in its elements, economic and honest in its materials, yet precise and elegant in how these are employed and situated." This fitting description of one of their own works by the team comprising César Guerrero and Ana Cecilia Garza could well be extended to their entire output. Like ruminants, they break down concepts and construction details to digest at their leisure a concise discourse that is transformed into a recurrent project: a landscape-format prism, an isomorphic structure, a limited palette of materials and a number of prior decisions taken in respect of the siting, views or insolation. Perhaps like Mies, they object that they cannot reinvent their own architecture every week. Up to a point, all their projects are the same project, with a vocation for reinventing modernity. In this way, they explore the essential potential of volumetric simplicity with precise and striking ideas. Materials that impose their own limits—concrete, steel, timber and glass—ease the formal exploration of the modern idiom, with rigor, self-absorption and profundity. The essays and reflections they write in parallel are not intended to test the architectural universe but to go deeper into what is known. Like other pairings both professional and sentimental—Alison and Robert Smithson, Denise Scott Brown and Robert Venturi, Eva Prats and Ricardo Flores or Mauricio Pezo and Sofía von Ellrichshausen—Ana Cecilia Garza and César Guerrero bounce ideas and forms off each other. The overlapping intimacy of professional and domestic life enables them to constantly dredge the same riverbed—both of the specific project and of ideas in a more abstract sense—to define and construct a system of thought and design. For this couple, as too with the Chilean pairing of Pezo von Ellrichshausen, their architectural projects are dynamic systems of formal determination, and their houses are variations on a single originating idea, based on successive systems of trial and error.[1] There is no forced gesture but rather, in the manner of Kahn, the material seems to be asked what

1   Adrià, Miquel. "Postales chilenas," *Blanca Montaña,* Puro Chile, 2013, p. 23

S–AR: variaciones sobre la caja

Miquel Adrià

La arquitectura de S–AR es "sintética y reductiva en sus elementos, económica y honesta en sus materiales, pero al mismo tiempo precisa y elegante en el uso y colocación de éstos." Así, atinadamente, este equipo conformado por César Guerrero y Ana Cecilia Garza describía una de sus obras y, en buena medida, puede hacerse extensivo a toda su producción. Como rumiantes, desmenuzan los conceptos y los detalles constructivos para digerir pausadamente un discurso conciso que se convierte en un proyecto recurrente: un prisma apaisado, una estructura isomorfa, una paleta reducida de materiales y unas decisiones previas en relación al lugar, las vistas o el asoleamiento. Quizá como Mies, aseveren que no se puede reinventar su propia arquitectura cada semana. Hasta cierto punto, todos sus proyectos son el mismo, con la vocación de refundar la modernidad. Así exploran los potenciales esenciales de la simplicidad volumétrica con propuestas precisas y contundentes. Unos materiales autolimitados —concreto, acero, madera y vidrio— facilitan la exploración formal desde la continuidad moderna, con rigor, ensimismamiento y profundidad. Los ensayos y reflexiones que escriben en paralelo no son para sondear el universo arquitectónico, sino para ahondar sobre lo conocido. Como otras parejas profesionales al tiempo que sentimentales —Alison y Robert Smithson, Denise Scott Brown y Robert Venturi, Eva Prats y Ricardo Flores o Mauricio Pezo y Sofía von Ellrichshausen, por ejemplo— Ana Cecilia Garza y César Guerrero reverberan internamente las ideas y las formas. La intimidad solapada de la práctica profesional y la vida doméstica les permite dragar constantemente el mismo lecho —del proyecto específico y de las ideas en abstracto— para definir y construir un sistema de pensamiento y de proyectación. Para ellos, como también sucede con el equipo chileno Pezo von Ellrichshausen, los proyectos de arquitectura son sistemas dinámicos de determinación formal, y sus casas son variaciones de una misma idea germinal a partir de ejercicios sucesivos de prueba y error.[1] No se fuerza el gesto sino que, a la manera *kahniana*,

---

1   Adrià, Miquel. "Postales chilenas", *Blanca Montaña*, Puro Chile, 2013, p. 23

it wants to be. Therein lies the transcendence. Unlike the second generation of Modernist architects, who dealt with standardized elements, domesticating the dogmatism of the great masters, S-AR sublimates what is most basic. Their buildings contribute a cultural value that set them apart from self-built houses, even when they use the same materials, programs, and even shapes and sizes. Based on a rigorous hierarchy that moves from the concept to the form, from the structure to the enclosure, from the enduring to the temporary, the projects reach their conclusion, right down to the construction details and complementary elements, with the same rigor and control. While S-AR's architecture does not seek any specifically Mexican character, they do always seek to source the entire construction locally, from the structure to the furnishings and hardware. Behind each prism, each modest box, S-AR identifies the primordial, platonic idea, and converts it into archetypes.

While their work is not only self-referential but also draws on a continuous reflection upon the implications of their ideas in their buildings, their studio is a reflection and synthesis of their own work. The *S-AR Studio* emerges from a rationality of both program and distribution: a central services nucleus, two working areas and courtyards at each end. The rigor in the construction, the concrete structure, the block walls, the overhead and lateral lighting are all evident. Being in this space is to understand the before and after, the process and the result of S-AR, an acronym taken from the studio's original name: stación-ARquitectura.

The *2G House* also conceals its identity in its encoded name. The two Gs of Garza and Guerrero gave their names to their first house, comprising an essential rectangle. A concrete monolith with a courtyard running its length separates the social from the private areas. These increase the sense of privacy, opening onto small private patios to illuminate and ventilate the bedrooms and bathrooms. While the concept and distribution is more conventional, the reference to the house built by Rudolph Schindler 100 years ago in Hollywood for two couples—himself and his wife Pauline, her sister Marian and her husband, the engineer Clyde Chance—share a hermetic concrete exterior and an interior open onto the courtyard and garden. Walls and roof slabs float over the site, emphasizing the abstract character of the building and its independence from its surroundings. The artifice does not alter the site but respects and interprets the topographical gestures to define the relationship between the natural and the artificial, as well as the points of contact between the two.

pareciera que se interroga al material qué quiere ser. Y de ahí su trascendencia. A diferencia de los arquitectos pertenecientes a la segunda generación del Movimiento Moderno, que lidiaban con elementos estandarizados, domesticando el dogmatismo de los grandes maestros, S-AR sublima lo básico. Aporta en sus obras cierto valor cultural que las distancian de la autoconstrucción, aún cuando sean los mismos materiales, programas y, eventualmente, formas y tamaños. A partir de una rigurosa jerarquía que va del concepto a la forma, de la estructura al cerramiento, de lo perene a lo temporal, los proyectos llegan hasta el final, hasta los detalles constructivos y a los elementos complementarios, con el mismo rigor y contención. Si bien, la arquitectura de S-AR no pretende asumir ningún rasgo nacional, sí hay una exploración permanente por resolver localmente la construcción en su totalidad, desde la estructura hasta el mobiliario y la cerrajería. Detrás de cada prisma, de cada modesta caja, S-AR identifica la idea primigenia, platónica, para convertirla en arquetipos.

Si su trabajo no sólo es autorreferencial, sino que parte de una reflexión constante sobre las implicaciones de sus ideas en sus obras, su taller es reflejo y síntesis de su propio trabajo. El *Taller S-AR* nace de la racionalidad programática y distributiva: núcleo de servicios al centro, dos áreas de trabajo y patios en ambos extremos. Se nota el rigor en la construcción, la estructura de concreto, los muros de block, la luz cenital y lateral. Estar ahí es entender el antes y el después, el proceso y el resultado de S-AR, un acrónimo, por cierto, que procede de su nombre original: stación-ARquitectura.

La *Casa 2G* también esconde en su nombre encriptado su propia identidad. Las G de Garza y Guerrero bautizan su primera casa, conformada por un rectángulo esencial. Un monolito de concreto con un patio a todo lo largo separa las áreas públicas de las privadas. Éstas exacerban su intimidad, abriéndose a unos pequeños patios privados para iluminar y ventilar las recámaras y baños. Si bien, el concepto y la distribución es más convencional, la referencia a la casa que Rudolph Schindler construyó 100 años atrás en Hollywood para dos parejas —él y su esposa Pauline, la hermana de ésta, Marian y su esposo, el ingeniero Clyde Chance— tiene en común un exterior hermético de concreto y un interior abierto al patio y al jardín. Muros y losas flotan sobre el terreno para subrayar la abstracción del objeto y su relación autónoma con el lugar. El artificio no altera el terreno: respeta e interpreta los gestos topográficos para definir la relación entre lo natural y lo artificial, así como los puntos de contacto entre ambos.

Meanwhile, the *Wooden House* floats over its site to reduce its impact on it. Its character as a temporary construction makes it something of an architectural manifesto. First created as a guard-house to control access to a residential development, it was transformed into a show home and prototype, in addition to being one of the first works by S-AR to be published internationally. The inevitable echoes of Mies van der Rohe's Farnsworth House or Philip Johnson's Glass House, with the timber cylinder for the bathroom inside, reveal a militantly modern affiliation. It also recalls Smiljan Radic's room on the island of Chiloé, with its empty wall shelves that produce a fragmented perception of the place, and the gradual occupation of the shelves over time.

With *9×20 House*, the name again refers not only to the size of the plot but makes a nod to Mies van der Rohe's 50×50 House. A compact domestic program with social areas, a ground floor and bedrooms above are ordered with a service and circulation block forming a thick wall abutting one of the adjacencies. The precision and dignity assigned to the modest materials, such as the concrete blocks that make up the blind, square screen on the façade that rises one level above the rest of the construction, acquire a certain monumentality within the urban context in which the house is set. The protective effect of these rotated blocks on the south-facing façade that looks onto the street provides an intelligent, passive solution to reduce thermal gain.

Exhibiting their work simultaneously in two spaces dedicated to architecture—LIGA in Mexico City and MONOAMBIENTE in Buenos Aires—provided an opportunity to reflect on their own syntax. Although in this case the order and the relationship between the architectural elements were delegated to a single material—the metallic mesh both implicit and concealed in all their work—to recreate, using multiple columns, ambiguous, profound spaces that are at once transparent and impenetrable.

With their small chapels, S-AR continued to explore spatial confinement and single-material construction of places for meditation. *La Providencia Chapel* is a minimal oratory, not unlike the chapels that Francesco Dal Co created for the Biennale di Venezia in the gardens of San Giorgio Maggiore, behind the Palladian basilica. The expression of the concrete and timber, and the visual and tactile virtues of these materials make them a complete experience. The *1200-Brick Chapel* is another small space in which to be alone and sheltered, surrounded by the open landscape of the garden. The formal and constructive exploration of the 1200 bricks corroborates how each one forms part of a whole and expresses

Por su parte, la *Casa de Madera* flota sobre el lugar para no alterarlo. Su condición de construcción temporal tiene algo de manifiesto arquitectónico. Si bien nació como caseta del vigilante para controlar el acceso de una urbanización, se convirtió en casa muestra y prototipo, además de una de las primeras obras de S–AR difundidas internacionalmente. Los inevitables ecos a la Casa Farnsworth de Mies van der Rohe y a la Casa de Cristal de Philip Johnson, también con el cilindro de madera del baño en su interior, delatan una militante filiación moderna. También recuerda a la habitación en Chiloé, de Smiljan Radic, con sus muros–estantes vacíos, que permiten cierta percepción fragmentada del lugar y la ocupación de los estantes a través del tiempo.

Con la *Casa 9×20*, su nombre no sólo define las medidas del lote sino que es una referencia sesgada a la Casa 50×50 de Mies. Un compacto programa doméstico con áreas públicas, una planta baja y recámaras en la superior se ordenan con un bloque de servicios y circulaciones como un muro grueso contra una de las colindancias. La precisión y dignidad que se otorga a los materiales modestos, como los bloques de concreto que conforman la celosía cuadrada y ciega de la fachada que se levanta un nivel por encima de la construcción, adquieren cierta monumentalidad dentro del contexto urbano en el que se inserta la casa. El efecto protector de estos bloques girados en la fachada orientada hacia el sur que da a la calle, es una solución pasiva e inteligente para evitar el impacto térmico.

La exposición en dos espacios simultáneos dedicados a la arquitectura —LIGA en la Ciudad de México y MONOAMBIENTE en Buenos Aires— fue una oportunidad para la reflexión sobre la propia sintaxis, aunque aquí el orden y la relación entre los elementos arquitectónicos quedaron delegados en un solo material —la malla metálica implícita y oculta en todas las obras— para recrear, a partir de la construcción de sendas columnas, unos espacios ambiguos y profundos, impenetrables y transparentes.

Con las pequeñas capillas, S–AR pudo seguir explorando el confinamiento espacial y la construcción monomatérica de dos objetos para la meditación. La *Capilla La Providencia* es un oratorio mínimo, cercano a las capillas que Francesco Dal Co organizó para la última de Bienal de Venecia en los jardines de la isla de San Giorgio Maggiore, detrás de la basílica palladiana. La expresión del concreto y de la madera, y las virtudes no sólo visuales sino táctiles de estos materiales, procuran una experiencia completa. La *Capilla de 1200 piezas* es otro pequeño espacio para estar solo y contenido, rodeado del paisaje abierto del jardín. La exploración, de nuevo, constructiva y formal de los 1200 ladrillos, corrobora cómo cada

the relation between tension and gravity, a central theme of the architecture of all periods. Meditation demands the inwardness and solitude that these two tiny oratories offer, while also expressing the essence of architecture as matter, light and void. To paraphrase Dominique Perrault, the rest is superfluous.

If the chapels seek to foster enclosure and concentration in a minimal space, the *Cosmos House* by contrast is a structure that opens up to the landscape. The square, mandala-like floorplan defines a timeless perimeter, between ruin and ongoing construction, housing at its center the currently habitable nucleus, something like a terrace or lookout rising above the vegetation to glimpse the Pacific.

The *House in Santiago* returns to these constant pairings: structure and program, private and public, Kahn's servant and served spaces, reflected literally in solid or transparent, in concrete or in timber, and establishing in many of their works a dichotomy between opposites. The program is laid out in an L-shape, with a private and a public wing, and an open colonnade around a contemplative courtyard that opens onto the garden with pool. Part of the roof terrace—above the colonnade—forms a lookout that draws the gaze towards the Sierra Madre Oriental, reached either via a ramp or a spiral stair, offering an architectural walkthrough of the external spaces.

The *House in Sierra de Arteaga* emphasizes the radical character of the precise, lightweight prisms set in the landscape, forming a dialogue between artifice and nature. A concrete structure wraps around the three parts of the program, separated by courtyards, and is expanded by a colonnade running along its length. The architecture becomes the frame for selecting the views, as was the case in Mies' Resor House, his first project in the United States, where the spatial layout was intended precisely to select and frame the views. As in earlier works, the roof terrace becomes a vantage point, in this case enclosed by a light steel cage.

MM House is found in the midst of an exuberant orange orchard and is formed by prism measuring 44×10.4 meters expanded by appendices on each side and a roof terrace with its own firepit for nocturnal gatherings. One of the greatest virtues of this residence may be its almost diagrammatic immediacy, not unlike so many classic examples that belong to the Modernist legacy, rich in obligatory references to the homes by Marcel Breuer, Richard Neutra, and above all Craig Ellwood, whose houses are prisms that float above the landscape.

The final project within this selection of S-AR's built work is the *AAF Gallery*, another parallelepiped that arranges its program

pieza forma parte de un todo y expresa la relación entre tensión y gravedad, tema central en la arquitectura de todos los tiempos. La meditación exige cierta introspección y soledad que estos dos minúsculos oratorios ofrecen, y que también manifiestan la esencia de la arquitectura que es materia, luz y vacío. Parafraseando a Dominique Perrault, lo demás está de más.

Si las capillas propician el encierro y la concentración dentro de un espacio mínimo, la *Casa Cosmos*, en cambio, crea una estructura que se abre al paisaje. La planta cuadrada y mandálica define un perímetro atemporal, entre ruina o construcción en proceso, que alberga en su centro el núcleo habitable y temporal, así como una azotea-mirador que se eleva por encima de la flora y permite ver el océano Pacífico.

La *Casa en Santiago* retoma las constantes duales: estructura y programa, privado y público, espacio servidor y espacio servido *kahniano*, que se refleja literalmente en sólido o transparente, en concreto o en madera, estableciendo, en buena parte de sus obras, una dicotomía entre contrarios. El programa se desarrolla en L, con un ala privada y pública la otra, y un pórtico abierto que encierra un patio contemplativo y se abre al jardín con alberca. Parte de la azotea —sobre el pórtico abierto— es un mirador que acerca la mirada sobre la Sierra Madre Oriental, a la que se llega tanto por una rampa como por una escalera helicoidal, creando un paseo arquitectónico por los espacios exteriores de la casa.

La *Casa en la Sierra de Arteaga* redunda en la radicalidad de los prismas precisos y livianos que se posan en el territorio, donde artificio y paisaje dialogan. Una estructura de concreto envuelve las tres partes del programa, separadas por patios, y se expande con un pórtico a todo lo largo. La arquitectura se convierte en el marco para seleccionar las vistas, como sucedía en la Resor House de Mies, su primer proyecto en los Estados Unidos, cuya definición espacial era precisamente escoger y enmarcar las vistas. Como en las anteriores, la azotea se convierte en un mirador de excepción, que en este caso queda enjaulado en una estructura ligera de acero.

En medio de una exuberante huerta de naranjos se ubica la *Casa MM*, un prisma de 44×10.40 metros con apéndices que desbordan el programa hacia los lados y una azotea convertida en terraza-fogatero para reuniones nocturnas. Una de las mayores virtudes de esta vivienda quizá sea su inmediatez casi diagramática, no ajena a tantos casos de estudio que forman parte de la herencia del Movimiento Moderno, llena de referencias domésticas obligadas a Marcel Breuer, Richard Neutra y, sobre todo a Craig Ellwood, donde las casas son prismas que flotan sobre el terreno.

across three floors with different uses, each with subtle differences in the type of structure, materials used, and the quality of the natural light.

S-AR's work comprises a series of prisms created in response to a powerful idea that refuses to bend or give way before the specifics of the program, the structure or the site. Their starting point is a platonic idea defined by precise lines that shape the volumes, and a limited palette of materials. Representations of their buildings—and in particular their exploded axonometric drawings—express their almost didactic idea of architecture, where the solution should be so universal that all it requires is a manual in order to be built and understood. Likewise, the first sketches or models for each project make clear their determination to achieve the essential, and to express the generating idea without interference. And in this way, they build an architecture without adjectives.

La última obra que se incorpora en esta selección del trabajo de S‑AR es la *Galería AAF*, otro paralelepípedo que dispone el programa en tres niveles y usos distintos, con sutiles diferencias de tipo de estructura, materiales y calidades de la luz natural.

La obra de S‑AR está conformada por una serie de prismas que responden a una idea contundente que ni tuerce ni pandea ante las particularidades del programa, la estructura o el lugar. Parten de una idea platónica que se conforma por líneas precisas que definen los volúmenes y por un breve repertorio de materiales. La representación de su trabajo, particularmente sus dibujos axonométricos explotados, dan cuenta de su noción de la arquitectura, casi didáctica, donde la solución debe ser tan universal que sólo requiera de un manual para ser construida y comprendida. También desde las primeras ideas de cada proyecto o desde las maquetas incipientes, se reconoce la voluntad por lograr lo esencial, y poder expresar la idea gestora sin interferencias. Y así, poder construir una arquitectura sin adjetivos.

Works

Obras

S–AR Studio

Situated towards the rear of a site, the volume is partially buried to preserve the visual depth of the plot, where an existing garden becomes an extension of it.

The volume encloses two working areas divided by a services, storage and sink area, ventilated with an openable skylight.

A series of longitudinal skylights provides natural overhead illumination throughout the interior.

The interior space dialogues at each end with two courtyards, one of which serves as an access route to the studio via a stone slab and steel plate stair, the other being located beside the meeting room to the rear of the project, providing light and cross ventilation.

Inside, all the furniture is situated on one side, while the other side is filled with long metal shelving containing the models of the projects designed by the studio, flanking the corridor. The materials used for these models, originally made with MDF bases, is repeated in the manufacture of the doors, furniture and desks, generating a unitary language shared by the utilitarian objects and the studio's own products.

The perimeter structure is a U–shaped reinforced concrete containment wall that encloses an internal system of concrete block walls with a metal roof. The double walls on the longitudinal sides form the rainwater drainage system, as well as taking the runoff from the adjacent site, which is led by a gutter to storage tanks buried in the lateral courtyards, for subsequent use in irrigation.

The materials are left exposed, clearly showing the constructive system within the space.

The metalwork is hand–crafted, as are the door handles and locks of the clear glass doors. This glazing is affixed to the metal frames with adhesive tape and structural silicone sealant on the outside, meaning the steel is not exposed to the elements and requires less maintenance.

Access to the roof is via a nautical metal ladder, enabling the maintenance of the air conditioning units located in a recycled wooden box.

The immediate landscape, formed by mature trees in the adjacent plots that extend over the project site, has a strong connection with the interior of the studio thanks to the transparent roof sections looking towards the lateral courtyards. This arrangement offers the benefit of the shade from the trees and the rear adjacent wall, helping to reduce the use of artificial air conditioning.

The project's architecture is synthetic, reduced to the fewest number of elements, economic and honest in its materials, while also being precise and elegant in their placement and use.

Taller S–AR

Monterrey, Nuevo León | 100 m² | 2011

Situado en la parte posterior de un terreno, el volumen se entierra parcialmente para conservar la profundidad visual del predio, donde un jardín ya existente se convierte en una extensión del mismo.

El volumen alberga dos áreas de trabajo divididas por un núcleo de servicios sanitarios —bodega y tarja— ventilados por un tragaluz móvil.

Una serie de tragaluces longitudinales coloca una luz cenital al interior del volumen, la cual es natural.

El espacio interior se relaciona en sus extremos mediante dos patios, uno que sirve como acceso al taller a través de una escalera de adoquín y placa de acero y otro que se coloca a un lado de la sala de juntas en la parte posterior del proyecto, con lo que se provee luz y ventilación cruzada.

En el interior, el mobiliario se concentra en uno de los costados mientras que, del otro, un largo estante metálico contiene las maquetas de los proyectos desarrollados en el taller, flanqueando el pasillo de circulación. El material de estas maquetas, originalmente hechas con bases fabricadas de MDF, se ha repetido en la fabricación de puertas, muebles y mesas de trabajo, lo que genera un lenguaje unitario entre los objetos utilitarios y los productos del taller.

La estructura perimetral es un muro de contención de concreto armado en forma de "U" que alberga un sistema interno de muros de block de concreto con cubierta metálica. Los dobles muros en las paredes longitudinales forman el sistema de drenado de agua pluvial, así como de la que se acumula en el terreno adyacente, la cual es conducida por un canal de desagüe a tanques de almacenamiento enterrados en los patios laterales para que, después de su acumulación, se utilice en el riego del jardín.

La naturaleza de los materiales queda expuesta, representando claramente el sistema constructivo dentro del espacio.

La herrería está hecha a mano, así como las jaladeras y cerrojos de los marcos metálicos de las puertas de vidrio claro. A su vez, el vidrio se coloca sobre la herrería pegado con cinta adhesiva y silicón estructural por la parte exterior, lo cual evita que el acero quede expuesto a la intemperie y reduce su mantenimiento.

El acceso a la cubierta se hace por una escalera marinera metálica, la cual posibilita el mantenimiento de las máquinas de climatización colocadas en una caja de madera reciclada.

El paisaje próximo, formado de grandes y viejos árboles de los predios contiguos que invaden el sitio del proyecto, tiene una fuerte conexión con el espacio interior del taller a través de las cubiertas trasparentes que miran los patios laterales y el tragaluz cenital. Por esta disposición se aprovecha la sombra de los árboles y el muro del lindero posterior, lo que ayuda a reducir el uso de la climatización artificial.

La arquitectura del proyecto es sintética y reductiva en sus elementos, económica y honesta en sus materiales, al tiempo que precisa y elegante en el uso y colocación de éstos.

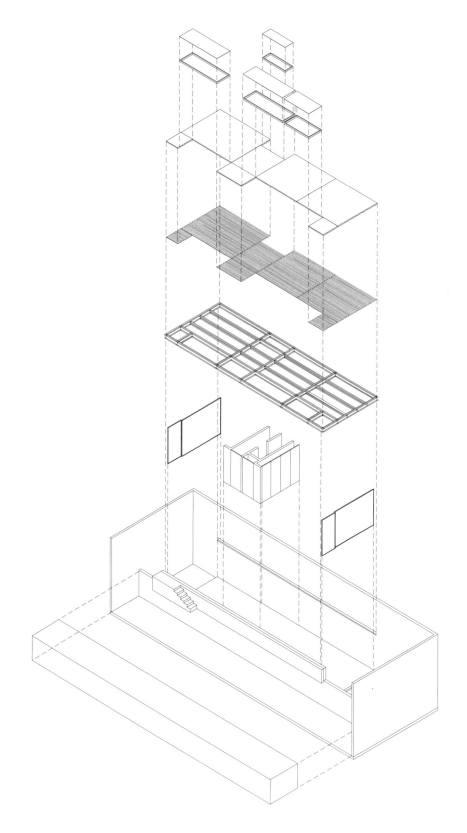

1 Sección A-A / Section A-A
2 Sección C-C / Section C-C
3 Sección B-B / Section B-B
4 Planta / Floor plan

0   5

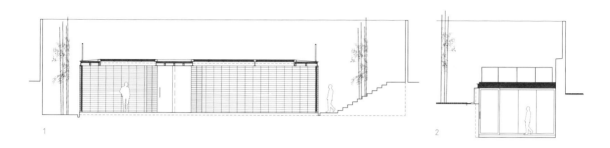

1

2

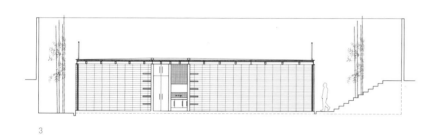

3

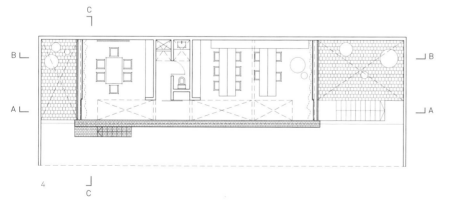

4

2G House

Intended as a basic house, the building is a simple rectangular volume with an inner courtyard, which divides the social area from the private one.

Located in a residential zone in San Pedro Garza García within the metropolitan zone of Monterrey, the volume is set back from the street, creating a pedestrian and vehicular entrance patio.

The design of the façade is simplified to a concrete wall and a door. This absence of openings onto the street is contrasted with an open and expansive interior space that visually connects the entire social area with the inner courtyard, the garden to the rear and the Sierra Madre mountains.

The rooms are protected with a segmented wall enabling privacy. In turn, each private space has its own independent patio providing natural illumination and ventilation.

The social area is a continuous sequence of kitchen–dining room–lounge, leading to a large terrace that completes the social space and connects to the rear garden.

Doors, windows, metalwork and the construction system used for walls and slabs are as simple as possible. The materials were left in their raw state having been made on site using local labor, with the intention of recovering the use of traditional construction systems that employ raw materials from the area: concrete, steel and glass, 90% of which are made locally. Industrial materials have been kept to a minimum to preserve the essential concept of the home, while favoring the revival of trades that have been displaced by the market of prefabricated materials brought from far away, as a result of the shortage of local jobs and mass-produced architecture.

Structurally the house floats on a plinth that isolates the interior spaces. The orientation helps to protect it from solar gain, taking advantage of the existing trees on the site and the taller adjacent buildings to provide shade to the roof.

The house's ground slab rests on this plinth, which in turn receives a series of 15-cm-thick reinforced concrete walls and metal columns arranged in a grid pattern in accordance with the floor plan. This supports a series of inverted beams that enable the roof slab to be thin and flat, clearing the spans at a free height of 2.7 m, a constant across all the spaces of the house.

The house is a reinforced concrete monolith perforated to generate the interior space, and delimited by the transparent glass membrane. As a result it emphasizes the continuity of the material used for floors, walls and ceilings, and the gradual transformation of light and shadow cast on the interior and exterior alike over the course of the day.

Casa 2G

San Pedro Garza García, Nuevo León | 350 m² | 2011

Propuesta como una casa básica, la obra es un volumen rectangular simple con un patio interior, el cual divide el área social del área privada.

Ubicada en una zona residencial en San Pedro Garza García dentro de la zona metropolitana de Monterrey, el volumen se retrasa de la línea de la calle, lo que genera un patio de acceso peatonal y vehicular.

Con un muro de concreto y una puerta se simplifica el diseño de la fachada. Sin embargo, esta ausencia de aperturas hacia la calle se contrapone con un espacio interior abierto y amplio que conecta visualmente toda el área social con el patio interior, el jardín posterior y la cordillera de la Sierra Madre. La casa se llena de luz y ventilación natural y establece un fuerte diálogo con el paisaje.

Las habitaciones se protegen con un muro segmentado que permite privacidad. A su vez, cada espacio privado cuenta con un patio particular e independiente para iluminación y ventilación natural.

El área social es una secuencia continua de cocina-comedor-sala hasta llegar a una gran terraza que remata el espacio social y se conecta con el jardín posterior.

Puertas, ventanas, herrería y sistema constructivo de muros y losas son lo más sencillos posible. Se dejaron en bruto los materiales, hechos en sitio y con mano de obra local, esto con la intención de rescatar sistemas constructivos tradicionales que emplean la materia prima del lugar: concreto, acero y vidrio, todos hechos localmente en casi un 90%. También, se ha usado el menor número de materiales industrializados para conservar la idea esencial de la vivienda, y haciendo énfasis en el rescate de empleos que han sido desplazados por un mercado de materiales prefabricados y traídos de otras latitudes, lo que provoca poca generación de empleo local y la masificación de la arquitectura.

Estructuralmente, la casa flota sobre un basamento que aísla los espacios interiores. Con la orientación de la casa se procura la protección de la incidencia solar utilizando los árboles existentes del terreno y los volúmenes más altos de las viviendas vecinas para proveer sombra a la cubierta de la casa.

Sobre el mismo basamento descansa la losa del suelo de la casa, la cual recibe una serie de muros de concreto armado de 15 cm de espesor y columnas metálicas colocadas según una retícula espacial donde se proyectó la planta. Igualmente, ahí se sostiene un sistema de vigas con peralte invertido para tener una losa de cubierta delgada y plana, lo que salva los claros que se dejan en una altura libre de 2.7 m, una constante en todos los espacios de la vivienda.

La casa es un monolito de concreto armado que se perforó para generar el espacio interior, el cual se delimita posteriormente con la membrana de vidrio transparente. Con esto, se enfatiza la continuidad del material en suelos, muros y losas y su cualidad de transformación paulatina ante el movimiento de luces y sombras que ocurre tanto en el interior como en el exterior durante el transcurso del día.

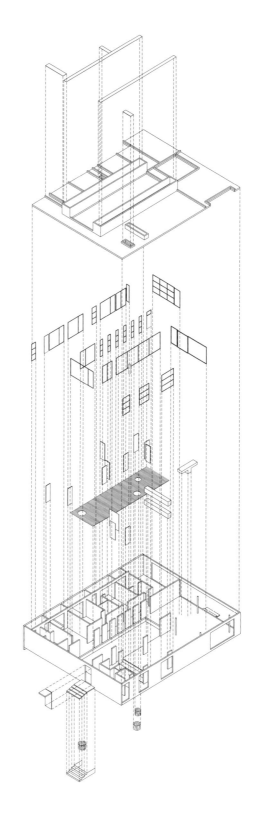

1 Sección A-A / Section A-A
2 Sección B-B / Section B-B
3 Sección C-C / Section C-C
4 Planta / Floor plan

0   5

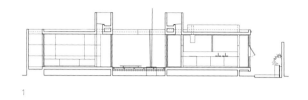

1

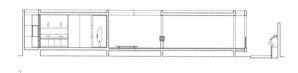

2

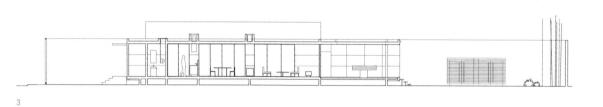

3

A   B

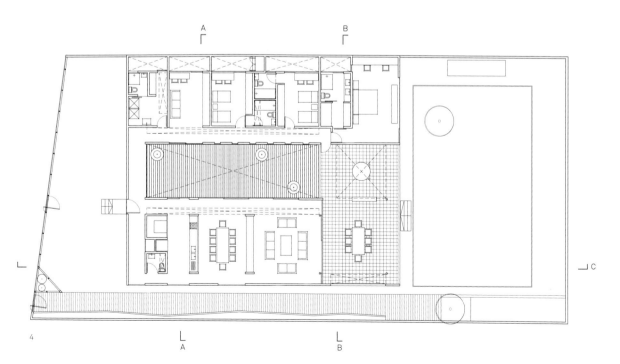

4

Wooden House

This project is a construction exercise based on wooden elements measuring 2", 3" and 4" in thickness. It began with a foundation of concrete cylinders poured in situ, used to embed 16, 4"×4" wooden posts set one meter apart. A grid of wooden beams supports the floor surface.

Along one side, the roof supports form a line of slender timber columns that match the modulation of the floor posts. On the other side the support comprises a vertical grid that functions as both structure and shelving system running the length of the space. Resting upon these elements is a second timber grid that holds up a lightweight roof formed of plywood, covered with an insulation layer and a metal waterproofing layer to finish.

Two cylinders form fixed elements inside: the larger one encloses a bathroom, ventilated with a roof vent; the smaller one houses the wash basin and also the plumbing.

The independent building is intended to contain a habitable program reduced to a single room: a study–bedroom.

This is an experimental basic house: a house for a single person or very small family. It is made entirely of wood and floats over the site, reinforcing the expression of the structure. A tectonic podium.

The external boundaries of the house are clear glass panels that create a transparent space from which to observe the exterior, a terrain within the city yet still clear of other buildings. In a sense, this project reacts to the excess of urban construction.

With this work, the practice reflects on how to use a plot—if at all; whether to build or not, and to what extent. Within the great magma of constructions constantly bubbling up in the city, engaging in this reflection also implies thinking about sustainability, something that the urge to build has left behind. Sustainability is the reason we decided to create a minimal house, using cheap materials and very simple but also logical air conditioning systems, such as protecting it from solar gain or raising it from the ground to let the breeze cool it from underneath. Built on a very tight budget, a very poetic space was created, one that is emptier than it is full, more transparent than opaque. A transparent space in its structure and in its honesty about the use of materials, which also make it more sustainable.

Casa de Madera

Monterrey, Nuevo León | 24 m² | 2013

El proyecto es un ejercicio constructivo basado en elementos de madera de 2", 3" y 4" de espesor. Se partió de una cimentación a base de cilindros de concreto colado en sitio, con los que se rodearon 16 polines de 4"×4" colocados a 1 m de distancia entre sí. Una retícula de vigas de madera le da sostén al entablado del piso.

Los apoyos de la cubierta se instalan en uno de los costados mediante una hilera de columnas delgadas de tabla que siguen la misma modulación que los apoyos inferiores, mientras que, en el otro costado, el soporte es una retícula vertical que opera como mobiliario y estructura, y que se aprecia a todo lo largo del espacio. Sobre estos elementos descansa otra retícula de vigas que sostiene una cubierta liviana de tableros de terciado, cubiertos con un aislante térmico y una piel de lámina metálica que los impermeabilizan.

Dos cilindros aparecen en el interior como elementos fijos. Uno, más grande, alberga el área de baño, el cual se ventila mediante chimeneas. El otro, pequeño, alberga el lavamanos y sirve de sostén para la tubería de agua.

El objeto aislado tiene la función de albergar un programa habitable que se redujo a un monoambiente: estudio y dormitorio.

Ésta es una vivienda básica experimental: una casa para una persona o una familia muy pequeña. Está toda hecha de madera y flota sobre el sitio para reforzar la expresión constructiva de su estructura. Un podio tectónico.

Los límites exteriores de la casa son paneles de vidrio claro que crean un espacio transparente para ver el exterior, un terreno aún sin construir dentro de la ciudad. En cierta forma, este proyecto reacciona a la sobreconstrucción urbana.

Con esta obra, se reflexiona sobre cómo utilizar o no un terreno; sobre construir o no y qué tanto hacer una u otra cosa. Dentro del magma de construcciones que aparecen cada día en la ciudad, hacer esta reflexión implica pensar también en la sustentabilidad, ya que la sobreconstrucción la ha dejado de lado. Es por esto que, bajo una idea de sustentabilidad, decidimos hacer una vivienda mínima, utilizando materiales económicos y sistemas de climatización muy básicos pero muy lógicos, como refugiar la obra del asoleamiento o levantarla del suelo para que corriera el viento que ayudara a enfriarla. Con un presupuesto muy ajustado, se llegó a un espacio muy poético, más vacío que lleno, más trasparente que opaco. Un espacio transparente en su estructura y en su honestidad en el uso de los materiales, que también hacen sustentable la obra.

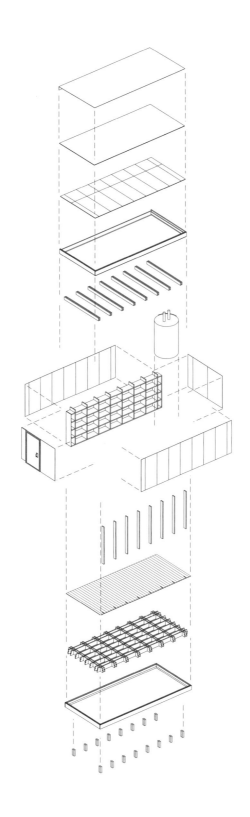

1 Sección A-A / Section A-A
2 Sección B-B / Section B-B
3 Sección C-C / Section C-C
4 Planta / Floor plan

0   2

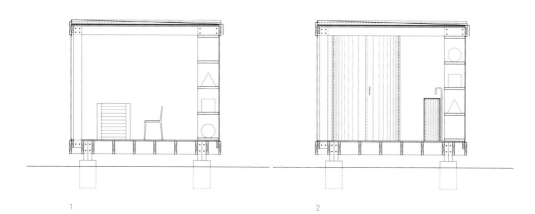

1   2

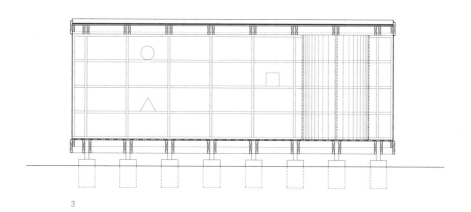

3

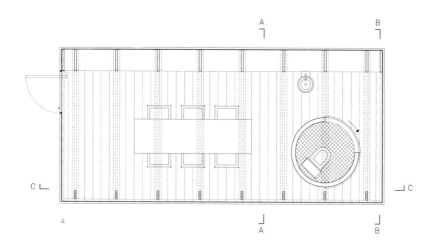

4

9×20 House

9×20 House takes its name from the dimensions of the plot it is built on. Located in an area of industrial warehouses that has recently begun a transformation into residential lots, the site is part of a small, two-street development with 70 plots available, almost all with the same dimensions save for a few on corners or zones affected by the topography.

The built context of the zone is mainly defined by houses that present a similar housing model with a few superficial changes in their façades, since they were all built by a single developer, together a number of other homes aimed at a generic taste, in line with the trend towards commercial architecture that has flooded the city in recent years.

The plot for 9×20 House was one of the last in the development to be built on. The home is for a young family with three small children and is planned across two full floors and one unfinished floor that awaits a future expansion when more space is required.

The first floor contains the social and services areas. It is open-plan, contained between a lateral courtyard-cum-corridor and a large interior service hub; there is also a rear patio and garage. Parallel to the services hub is a corridor delimited by a long piece of furniture that organizes the interior space and serves two areas: the open-plan living space and the service corridor.

Both this piece of furniture and the service hub enclose living or storage spaces with sequences of doors which form solid white surfaces and volumes. This contrasts with the textures and colors of the exposed system of slabs and floors of the home, both in concrete.

On the second floor there is a family room, master bedroom and two smaller bedrooms for the children.

The third floor is a roof terrace that in the future may be built on as a games area or studio.

The built volume absorbs the light entering between the house and the adjacent constructions through the lateral and rear yards. It also uses the staircase to conduct light from the south side of the street to the center of the house. In this way, natural indirect illumination is always available in the interior spaces.

By contrast, the façade comprises a texture formed by rotated concrete blocks, avoiding overheating of the south-facing walls and providing continual shade, this being the orientation that receives most sun. This façade is supported on the metal structure of the garage, a beam that runs across the full span of the plot.

This interplay of order and balance between elements becomes the identity of the house towards the street. Metal in the form of the beam, and concrete in the form of the block: two of the materials and formats most widely produced by local industry.

Casa 9×20

Monterrey, Nuevo León | 227 m² | 2016

La Casa 9×20 recibe su nombre por las dimensiones del predio donde se construye. Ubicado en una zona de bodegas industriales que ha ido transformándose poco a poco en fraccionamientos habitacionales, el terreno es parte de un pequeño desarrollo de apenas dos calles con 70 lotes disponibles, casi todos con las mismas dimensiones, exceptuando algunas esquinas o zonas definidas por la topografía.

En su mayoría, el contexto construido de la zona está conformado por casas que presentan un modelo de vivienda similar con algunos cambios superficiales en sus fachadas, ya que fueron construidas por el propio desarrollador. Además, hay algunas otras viviendas dirigidas a un gusto más bien genérico que sigue una tendencia de arquitectura comercial o para venta que ha inundado la ciudad desde hace algunos años.

El lote de la Casa 9×20 fue uno de los últimos en ser intervenidos en este desarrollo. La vivienda es para una familia joven con tres niños pequeños. La casa plantea dos niveles completos y uno incompleto que queda en espera de una expansión futura, cuando sea necesario más espacio.

El primer nivel alberga el área social y de servicios generales. Se proyecta una planta libre, encapsulada entre un patio-pasillo lateral y un largo núcleo de servicios interior, así como un patio posterior y la cochera. Paralelo al núcleo de servicios, se crea un corredor delimitado por un mueble largo que organiza el espacio interior y sirve a dos áreas: la planta libre y el corredor de servicios.

Tanto el mueble como el núcleo de servicios resguardan espacios habitables o de guardado con secuencias de puertas, las cuales forman superficies y volúmenes sólidos de color blanco. Esto contrasta con las texturas y colores del sistema aparente de las losas y pisos de la casa, ambos de concreto.

En el segundo nivel se encuentra una sala familiar, el dormitorio principal y dos habitaciones más pequeñas para los hijos.

El tercer nivel es una terraza-patio que puede ser ocupada en el futuro como un área de juegos o estudio.

El volumen construido absorbe la luz que entra entre la casa y las construcciones vecinas a través de los patios lateral y posterior. También se utiliza la escalera como un conductor de la luz del sur de la calle hacia el centro de la casa. De esta forma, la iluminación natural siempre es indirecta en los espacios interiores.

En contraste, la fachada está compuesta por una textura hecha con bloques girados de concreto, la cual evita el sobrecalentamiento de los muros orientados al sur y les provee de sombra todo el tiempo, pues es en esta orientación donde se recibe el mayor asoleamiento. Esta fachada se soporta sobre la estructura metálica de la cochera de la casa, una viga que recorre todo el claro del predio.

Este juego de orden y equilibrio entre elementos se vuelve la identidad de la casa hacia la calle. El metal en forma de viga y el concreto en forma de bloque: dos de los materiales y formatos que más se producen en la industria local.

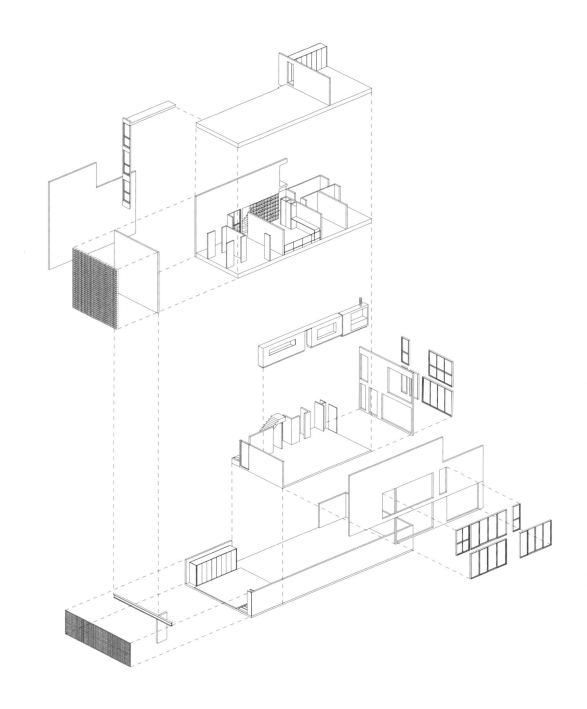

1 **Planta baja** / Ground floor plan
2 **Planta alta** / Upper floor plan
3 **Sección A-A** / Section A-A
4 **Sección B-B** / Section B-B

0   5

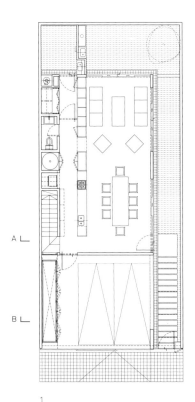

A

B

1

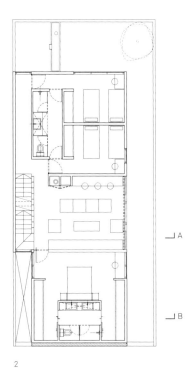

A

B

2

3

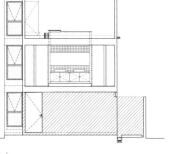

4

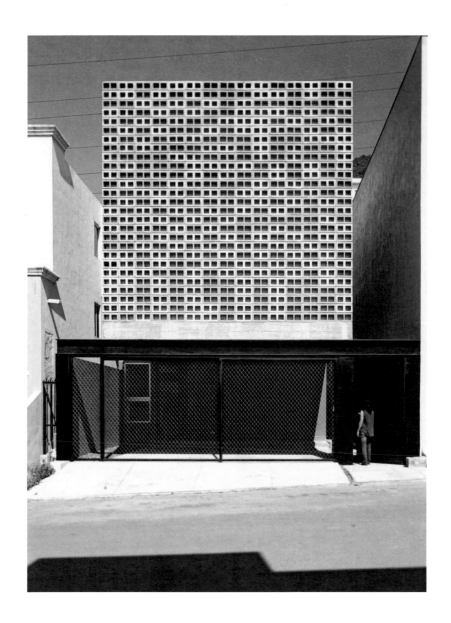

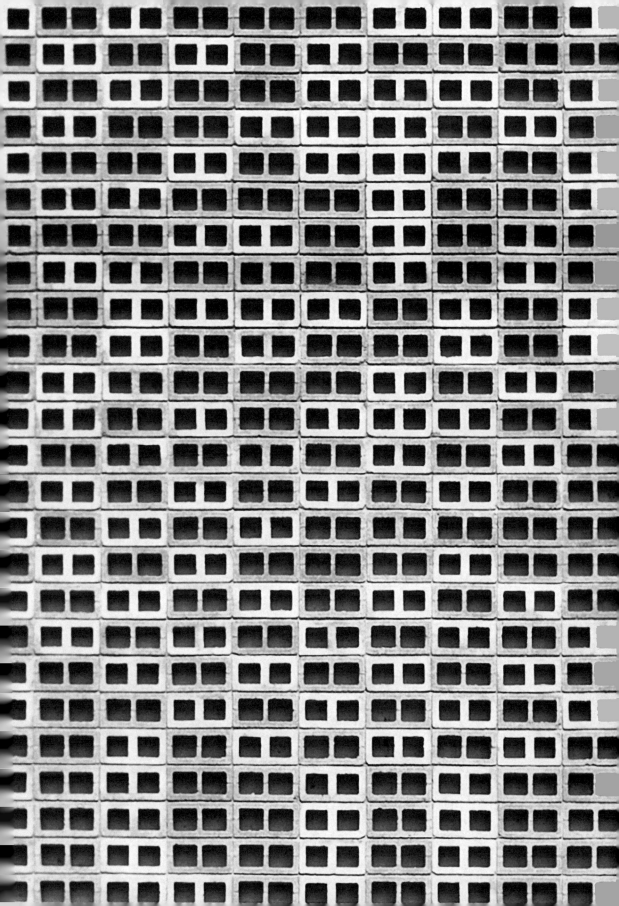

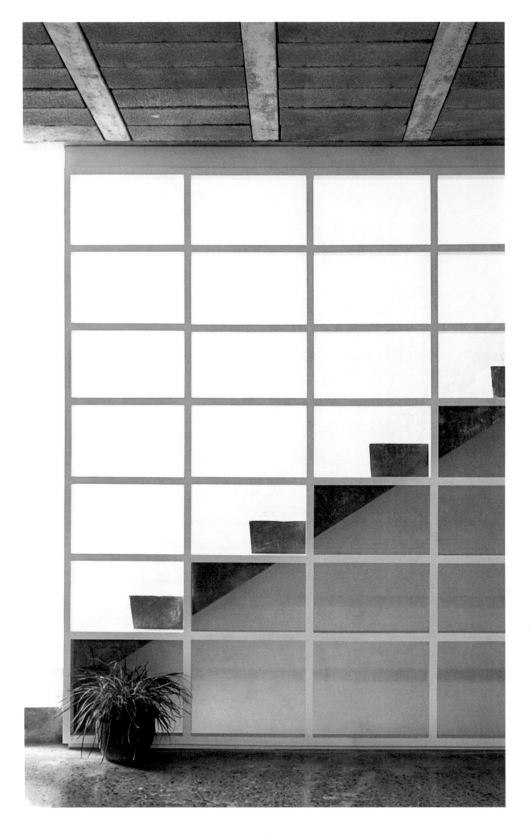

LIGA 23
A column is
a system

Our intervention for LIGA and MONOAMBIENTE approaches the occupation of space through an incomplete presence, one that may form a barrier yet remains open and that enables multiple relationships with the surroundings—both interior and exterior—by the simple strategy of repeating an element that responds to its container. Wire mesh, an element used in construction is itself simple and normally goes almost unnoticed, while playing a part in the most basic and necessary processes: sieving, separating materials. Yet it needs no human intervention to be transformed, shaped, reimagined, given a new scale and visualized through experience and over time, as it would lose its significance. Where the mesh once separated materials, now it separates out space, light and visibility, which are usually considered immaterial.

We sought to return to a tradition of material and professional experimentation that arose in the first 10 years of our practice, taking a material or element out of its usual context and inserting it in another one where it has greater potential for perception and interpretation.

LIGA 23
Una columna es un sistema

Nuestra intervención para LIGA y MONOAMBIENTE trata sobre la ocupación del espacio por medio de una presencia incompleta, quizás limitante pero abierta, que permite múltiples relaciones con el entorno —en su interior y exterior— con la simple estrategia de la repetición de un elemento que responde a su contenedor: la malla de criba, un elemento también simple y que hasta pasa desapercibido. Proviene del mundo de la construcción, y se inscribe en sus procesos más elementales y necesarios: el filtrado, el separado de materia. Sin embargo, no necesita de la intervención humana para transformarse, modelarse, repensarse, reescalarse y visualizarse a través de la experiencia y del transcurso del tiempo, ya que perdería trascendencia. Ahí donde la criba separaba materiales, ahora separa espacio, luz y visibilidad, quizás lo que está relacionado habitualmente a lo inmaterial.

Intentamos continuar con una breve tradición en la experimentación material y de los oficios derivada de los primeros 10 años de nuestra práctica, sacando de su contexto habitual un material o elemento e incrustándolo en otro donde tenga mayor potencial de percepción e interpretación.

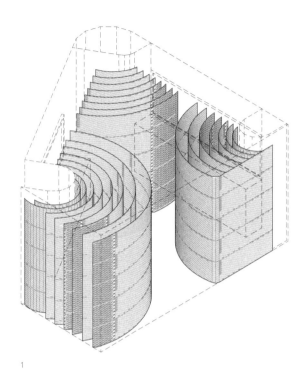

1

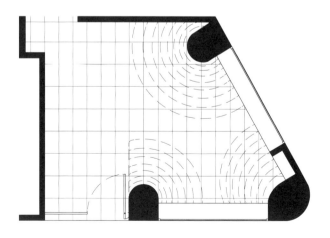

1 LIGA, Ciudad de México
2 MONOAMBIENTE, Buenos Aires

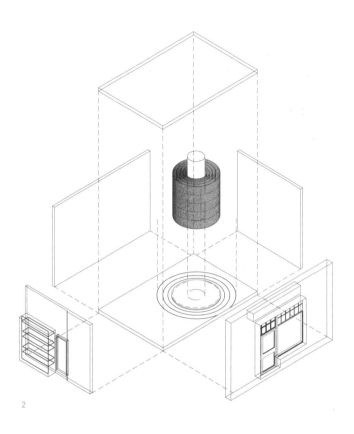

2

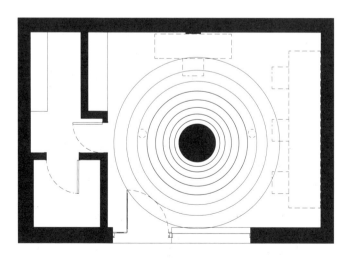

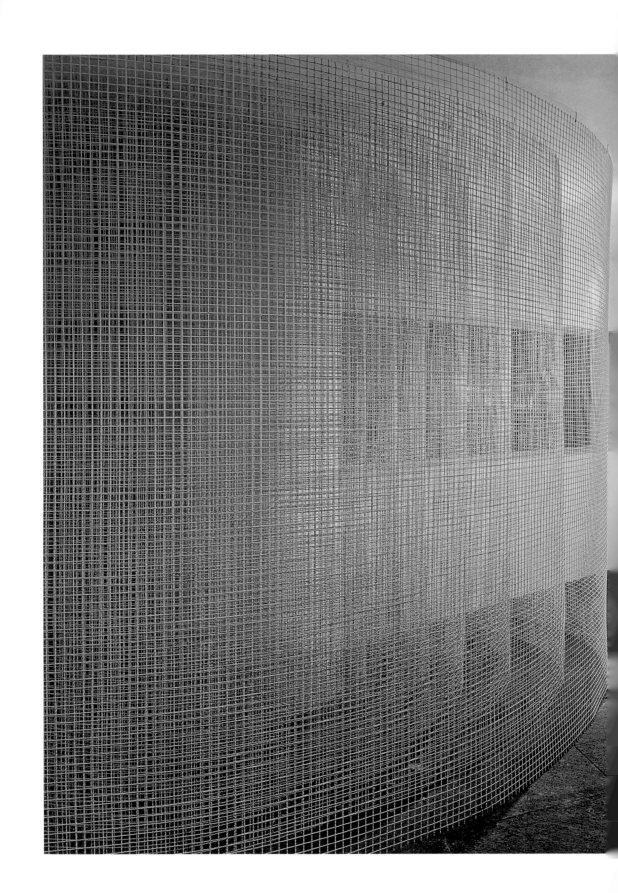

1200-Brick Chapel

This is a small chapel intended for meditation. A small chapel in a large garden. A chapel for someone to be alone, contained in a the open space of the garden. It is also a structure that relates to the human scale in size, and to the spiritual scale in use.

With these simple guidelines, the structure becomes a construction exercise that employs a system of repeated tension, comprising 1200 hollow red bricks, each separate but linked by steel rod 'guides' forming rings that reduce in size with the height of the chapel. The bricks are bonded to the metal structure with cement but there is no mortar between them, giving the impression that they float. The tensioned structure is both flexible and stable. In the same way that meditation demands a certain introspection and solitude from the individual, each brick is isolated in a structure caught between tension and gravity.

The project reacts to the power of thought. It is a piece using materials that operate within a structural system of forces.

Capilla de 1200 piezas

Santiago, Nuevo León | 4.25 m^2 | 2016

Esta es una pequeña capilla para meditar. Una capilla en un gran jardín. Es una capilla para estar solo y contenerse en el espacio abierto. También, es una estructura que se relaciona con la escala humana en tamaño y con la espiritual en uso.

Con estas simples bases, la estructura se convierte en un ejercicio constructivo bajo un sistema de tensión repetida, que comprende 1200 piezas de ladrillo rojo hueco, todas ellas separadas entre sí pero unidas mediante unas "guías" de varilla de acero, las cuales forman anillos que varían de dimensión conforme disminuye la altura de la capilla. Las piezas se unen a la estructura metálica con cemento pero no existe unión entre ellas, por lo que prácticamente flotan. La estructura, en tensión, es flexible al tiempo que estable. Así como la meditación exige cierta introspección y soledad para el individuo, cada pieza está sola en una estructura que se mantiene entre la tensión y la gravedad.

El proyecto reacciona ante el poder del pensamiento. Es una pieza con materiales que funcionan dentro de un sistema estructural de fuerzas.

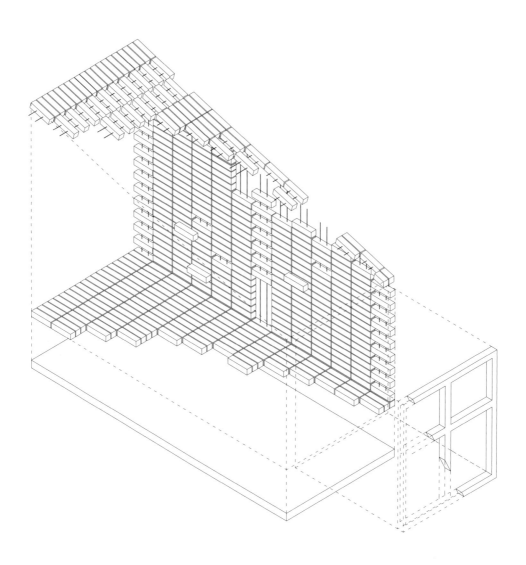

1 Sección A-A / Section A-A
2 Sección B-B / Section B-B
3 Planta / Floor plan

0   1

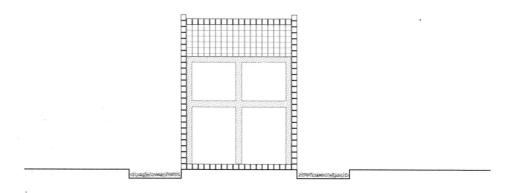

1

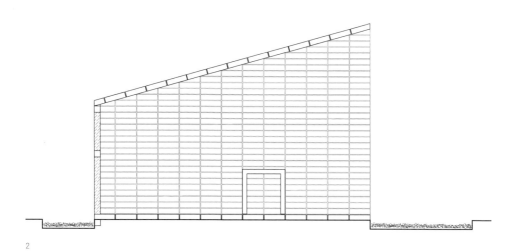

2

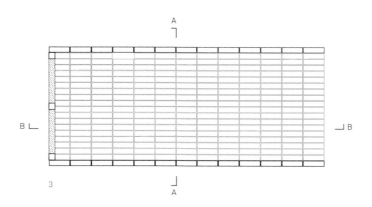

3

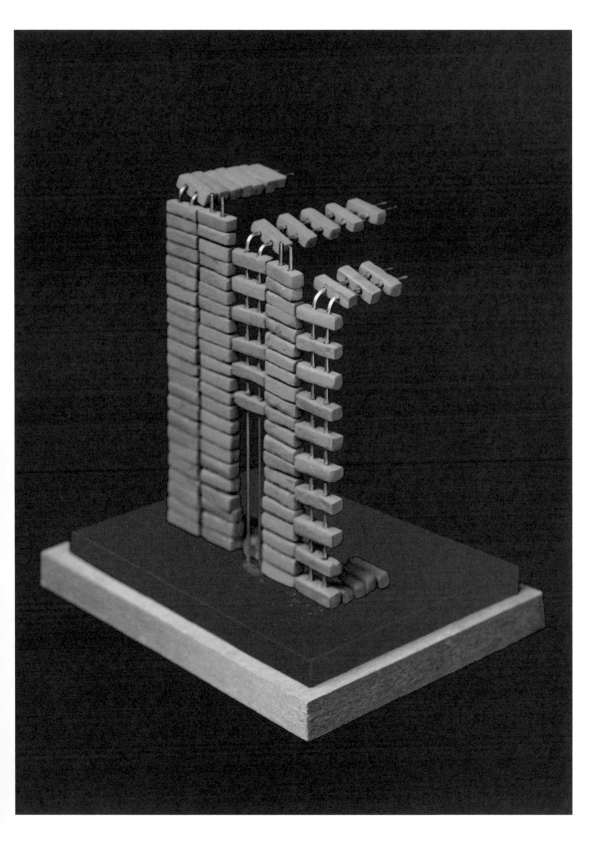

La Providencia Chapel

This project is a minimal space for meditation and prayer. Set a few meters apart from the existing main chapel, this small oratory creates a place for solitude and reflection, positioning itself in parallel to an adjacent row of trees.

A concrete structure confines space on three sides as well as the floor and ceiling. One side is minimally perforated to allow light, air and rain to enter. The remaining, unenclosed side of the space contains the two timber doors, which follow the outline of the interior space while indicating the entrance, the change in material and the spatial tension between inside and outside. In this way, while the concrete carapace protects, the wooden membrane receives and embraces the visitor.

Inside, a second structure formed of timber is set within this niche, both echo and contrast with the loadbearing concrete structure and its modular and linear elements. This secondary structure curves and folds to form the bench, ceiling and backdrop for the small altar.

La Providencia Chapel responds to a request by Father Alberto López Montiel of the Parish Church of San Rafael Arcángel in Monterrey for small works of architecture to revitalize spaces around the nearby chapels, and create places of encounter for the inhabitants of these districts on the flanks of Cerro del Topo Chico in the north of the city.

Capilla
La Providencia

Monterrey, Nuevo León | 7.8 m² | 2019

El proyecto es un espacio mínimo para meditar y orar. Separado por unos metros de la capilla principal existente, este pequeño oratorio crea un lugar para el aislamiento y la reflexión, colocándose paralelamente a una hilera de árboles existentes del predio.

Una estructura de concreto confina el espacio tanto en tres de sus lados como en el suelo y la cubierta. Uno de estos lados se perfora mínimamente para que la luz, el aire y la lluvia entren al interior. El lado restante del espacio, completamente libre, da cabida a las puertas de tabla, las cuales repiten el contorno del espacio interior e indican tanto el acceso como el cambio material y, finalmente, tensión espacial entre interior y exterior. Así, si el caparazón de concreto protege, la piel de madera recibe y abraza al visitante.

En el interior, una segunda estructura de barrotes de madera encuentra lugar en este nicho, buscando hacer eco y contraste de la estructura portante de concreto y de sus elementos modulares y lineales. Esta segunda estructura de madera se dobla para formar a la banca, el cielo y el fondo para el pequeño altar.

La Providencia responde a la petición del Padre Alberto López Montiel, de la Parroquia de San Rafael Arcángel en Monterrey para que, con pequeñas obras de arquitectura, se revitalicen los espacios de las capillas cercanas, creando lugares de encuentro para los habitantes de estas colonias ubicadas en las faldas del Cerro del Topo Chico, en el norte de la ciudad.

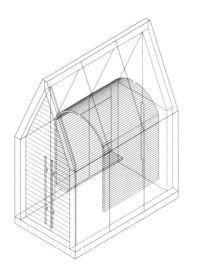

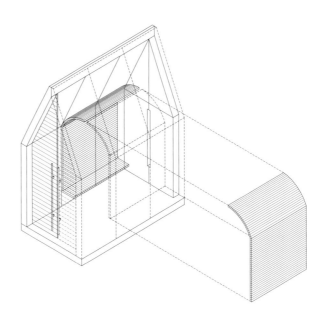

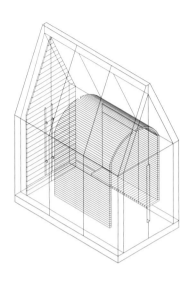

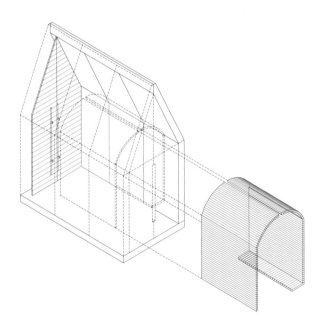

Cosmos House

Cosmos House is a small house located near Puerto Escondido, on the coast of Oaxaca.

The house draws on three main elements.

The first element is a solid core or nucleus constructed with walls, slabs and concrete columns with an exposed finish, enclosing the roofed living space: a reduced program including a bedroom, kitchen-diner, living room and bathroom. Each of these four uses occupies a quadrant of the plan, forming an almost perfect square.

The second element is an external grid formed of concrete beams and columns with a smooth finish. The columns are dependent on the central nucleus, extending the activities of the house towards the exterior and opening up courtyards, terraces, perimeter and vertical circulation routes and a swimming pool. The nucleus alters the occupants' perception of its dimensions.

The third element is the roof, which functions as a lookout over the distant landscape. A water pool presents a kind of reflecting games board at night in which to read the stars, constellations and cosmos around us.

One of the key design principles is the use of a grid structure to withstand earthquakes. The materials used also bear this limitation in mind, providing rigidity and durability while requiring minimal maintenance. The use of timber to finish the structure increases the warmth of the spaces, while also serving to record the passage of time in the house. The project is understood as a process of transformation related to the site, the vegetation, the seasons, the constellations and the surrounding landscape.

Two materials were of key importance: concrete, which offers the project the necessary structural resistance for a zone prone to earthquakes, as well as being very durable, affordable and low maintenance; and wood taken from local macuil trees, which offers the flexibility of the human-scale enclosures and the relation between the house and its immediate context, not only in terms of the views but also the temperature, sound, and wind. All the waste water from the house is filtered through a sand and gravel cistern system. The water captured on the roof in the rainy season is led to a single runoff, for storage and use in the irrigation of the gardens planted in the external perimeter of the house.

The entire construction team comprised local workers, who were trained through construction testing processes in the different uses of concrete for structure, walls, floors and other finishes. Likewise, the woodwork was carried out by local craftspeople, who developed the systems for opening and moving the wooden doors and blinds. In this way the house contributes to supporting trades in the community and incorporates them into architectural practice. The result is the fruit of the teamwork between the local people and the architects.

Casa Cosmos

Puerto Escondido, Oaxaca | 100 m² | 2019

Casa Cosmos es una pequeña casa ubicada en las cercanías de Puerto Escondido, en la costa de Oaxaca.

La casa parte de tres elementos principales.

El primer elemento es un centro o núcleo duro, construido con muros, losas y columnas de concreto con un acabado en bruto, el cual resguarda el espacio habitable bajo techo: un programa reducido que incluye una habitación, cocina-comedor, sala de estar y área de aseo. Cada uso se divide en un cuadrante de la planta, que es casi un cuadrado perfecto.

El segundo elemento es una retícula externa hecha de vigas y columnas de concreto con un acabado suave y liso. Las columnas están sujetas al núcleo central, el cual permite extender las actividades a lo largo y ancho de la casa hacia el exterior y abre patios, terrazas, circulaciones perimetrales y verticales y una piscina. El núcleo modifica la percepción de los habitantes respecto a las dimensiones de la casa.

El tercer elemento es la cubierta que funciona como mirador hacia el paisaje lejano. Un espejo de agua es un tablero para leer por la noche las estrellas, las constelaciones y el cosmos alrededor de nosotros.

Una de las principales líneas de diseño es el uso de una estructura en forma reticular que resistiera los sismos. Los materiales también responden a esta circunstancia, ya que brindan rigidez, durabilidad y requieren bajo mantenimiento. El uso de la madera para completar la estructura da calidez al espacio. Además, ésta da muestra del paso del tiempo por la casa. El proyecto se entiende como un proceso de transformación que se relaciona con el sitio, la vegetación, las estaciones, las constelaciones y la naturaleza circundante.

Dos materiales fueron primordiales: el concreto, que ofrece al proyecto la resistencia estructural para la zona sísmica, así como durabilidad alta, economía y bajo mantenimiento; y la madera, proveniente del árbol macuil de la zona, que ofrece la flexibilidad de los cerramientos a escala humana y la relación de la casa con su entorno inmediato, no solamente a través de las vistas, sino también de la temperatura, el sonido y el viento. Todas las aguas derivadas del uso de la casa se filtran por una cisterna de arenas y piedras. El agua que capta la cubierta durante las temporadas de lluvia se redirige por una sola bajante pluvial, con la idea de almacenarla y usarla para que contribuya al crecimiento de los jardines plantados dentro de la crujía del perímetro exterior de la casa.

Todo el equipo de construcción estuvo formado por operarios locales, quienes fueron capacitados con procesos de pruebas constructivas en los diferentes usos del concreto para estructura, muros, pisos y otros acabados. Asimismo, el trabajo de madera estuvo a cargo de artesanos locales, que desarrollaron los sistemas de aperturas y movimiento de las puertas y persianas de madera. De esta manera, la casa contribuye también al impulso de los oficios en la comunidad, dejándolos ser parte de la arquitectura misma. El resultado es fruto del trabajo en equipo de la gente local y los arquitectos.

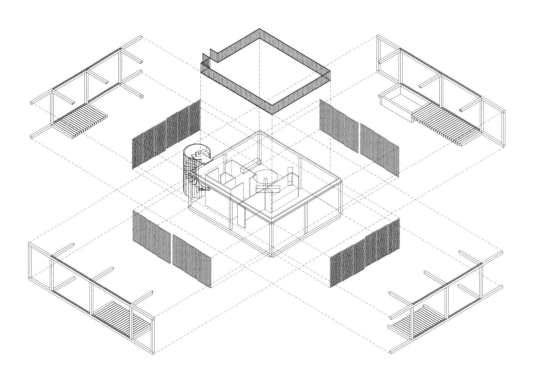

1

1 Sección / Section
2 Planta de azotea / Rooftop plan
3 Planta / Floor plan

0   2

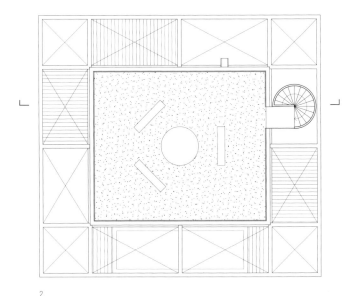

2

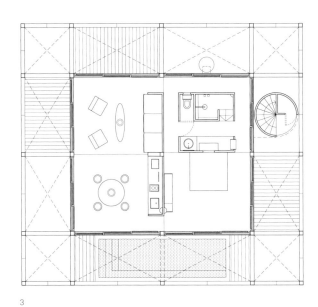

3

House in Santiago

Villa de Santiago, a colonial town 37 kilometers from Monterrey, receives hundreds of visitors every weekend, as it forms the gateway to a scenic area with rivers, waterfalls and forests. Canyoning and climbing is also popular in this region of the Sierra Madre Oriental. Traditionally people stay in holiday homes or cottages, and this is the intended purpose of this building, located on a site on the edge of the town, with views over the surrounding mountains.

The house goes unnoticed from the exterior thanks to a closed façade made with local stone, interrupted only by the entrance door. This provides continuity with the rural vernacular, comprising long stone and adobe walls built centuries ago to mark out property boundaries.

Inside, the house opens up to the available plot with a series of transparencies and courtyards, continuous and open spaces. The program is divided into two parts, with a service nucleus that serves as a pivot between the private and social areas.

The private area is protected from the street by the stone wall, and from the social area by an adjustable metal screen with views onto a large central courtyard. The social area, which is more closely connected to the garden and a covered terrace extending the public uses outside, provides a large area of shade to relax in outside the house, complemented by a pool pavilion and barbecue.

The structure comprises reinforced concrete walls and columns with finishes that explore the different production methods used for the material. These elements are unified with the floor and roof slab, also made of concrete. A single metal column forms a turning point in the solid structure, within which spaces are bounded by glass or open courtyards that establish the interior-exterior relationship of the house, together with the play of light and shadow over the course of the day, and the textures of lines, squares, planes and roughness of the other materials employed: stone, wood, steel and earthenware.

The circulation route is defined by a spiral staircase and a ramp that lead from different starting points to the roof terrace, use of which represents a key moment in the house as the surrounding mountain landscape demands time for observation and reflection. This event creates a constant movement between interior and exterior, house and landscape, user and context.

Casa en Santiago

Santiago, Nuevo León | 470 m² | 2021

A 37 kilómetros de la Ciudad de Monterrey se encuentra Villa de Santiago, un pueblo colonial que recibe cada fin de semana a cientos de visitantes ya que es puerta de ingreso a escenarios naturales como ríos, cascadas y bosques. También, es un lugar de cañonismo y escalada dentro de la Sierra Madre Oriental. Tradicionalmente, el hospedaje se hace en casas de campo o quintas de descanso. Éste es el caso de esta obra, ubicada en un terreno con vistas a las montañas cercanas, justo a las afueras del pueblo.

La casa pasa desapercibida desde el exterior a través de una fachada cerrada hecha con piedra local desde la que solamente asoman las puertas de acceso, en un intento de darle continuidad a un lenguaje rural constituido por largas bardas de piedra y adobe construidas desde siglos atrás en la zona para delimitar los predios.

En su interior, la casa se abre al terreno disponible a través de diferentes transparencias y patios, que son espacios continuos y abiertos. El programa se divide en dos partes, con un núcleo de servicios que sirve de pivote entre lo privado y lo público.

Lo privado está protegido tanto de la calle por el gran muro de piedra, como de lo social por un cerramiento de celosía metálica operable con vistas hacia un generoso patio central. Lo público, más relacionado con el jardín de la casa y con una terraza cubierta que extiende el uso público hacia el exterior, proporciona una gran área de sombra para relajarse afuera de la casa, complementándose con un pabellón de piscina y asador.

La estructura se compone de muros y cartelas de concreto armado, presentando en sus acabados diferentes exploraciones en la ejecución de un mismo material. Estos elementos se unifican con el piso y la cubierta también de concreto. Una sola columna metálica aparece como punto de inflexión de la estructura pétrea y monolítica. En medio de la estructura quedan espacios limitados con vidrio o patios abiertos que componen la relación interior-exterior de la casa, así como el juego de la luz y la sombra a través del tiempo contra texturas de líneas, cuadrículas, planos y rugosidades aportados por otros materiales presentes: piedra, madera, acero y cerámicos.

El vínculo de circulación está definido por una escalera de caracol y una rampa. Ambos llegan por diferentes puntos de la casa a la terraza de la azotea: una coronación importante de la vivencia de la casa, pues las montañas cercanas merecen tiempo de observación y reflexión. Este evento crea un movimiento incesante entre interior y exterior, entre casa y paisaje y entre usuario y entorno.

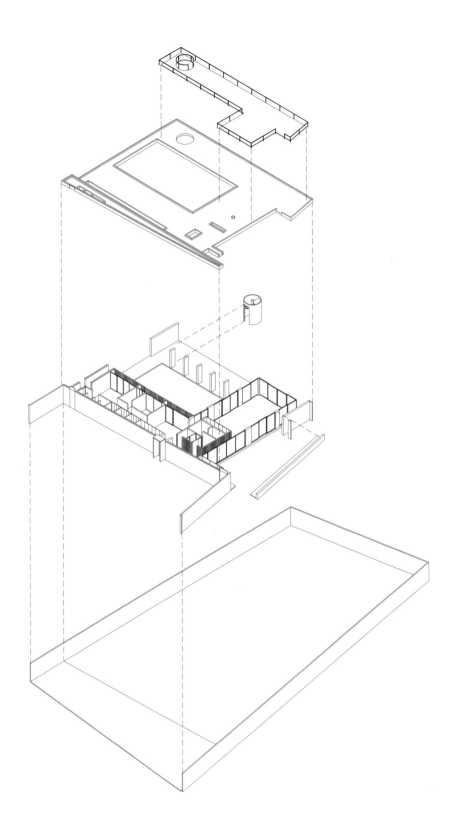

1 **Sección** / Section
2 **Planta de azotea** / Rooftop plan
3 **Planta** / Floor plan

| | | | | | | |
|0| | |5| | | |

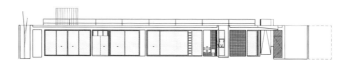

1

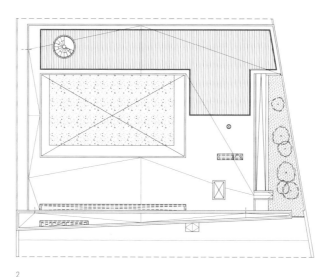

2

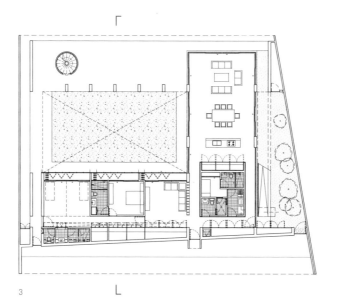

3

House in Sierra de Arteaga

This project is a weekend house in the mountains of the Sierra de Arteaga, in the state of Coahuila in northern Mexico.

The house is laid out on the slope of an old orchard in mountainous surroundings, with the intention of having minimal impact on the site and natural vegetation. This solution also ensured the best views, as the orchard vegetation is much more open and lower than the surrounding forest.

The house is divided into three parts: an elongated, 40 m × 10 m rectangle defining enclosed areas of shelter, the services at each end, and a central social area around the fireplace. All these areas are connected by a long terrace looking directly towards the mountains through a sequence of beams and pillars forming the external structure of the house while framing the natural landscape.

The volume is perforated with courtyards that break up the program and bring natural light inside. The largest of these contains a staircase leading up to the roof, where there are 360-degree views over the valley and the mountains.

The construction comprises exposed concrete walls, pillars and beams poured with horizontal formwork, metalwork details, and large glass panels with aluminum frames.

The site also contains a viewpoint and firepit that is independent of the house and an outdoor table seating up to 20, both constructed as concrete monoliths.

Casa en la Sierra de Arteaga

Arteaga, Coahuila | 286 m² | 2021

El proyecto trata de una casa de campo ubicada en las montañas de la Sierra de Arteaga, en el estado de Coahuila, al norte de México.

La casa se dispuso dentro del área de una huerta existente en el terreno montañoso, con la intención de no afectar ni al sitio ni a la vegetación natural. También, esta solución aseguraba las mejores vistas debido a que la vegetación de la huerta es mucho más abierta y baja que la del área boscosa que está alrededor.

Así, la casa se divide en tres partes: un largo rectángulo de 40 metros de largo por 10 de ancho, que define áreas cerradas de refugio y servicios a los extremos, y el área social central y abierta alrededor de la chimenea. Finalmente, todos estos recintos se conectan mediante una larga terraza que mira hacia el paisaje frontal montañoso a través de una secuencia de marcos de vigas y cartelas estructurales exteriores de la casa que, al mismo tiempo, enmarcan la naturaleza circundante.

El volumen es perforado con patios para dividir el programa y traer iluminación natural al interior. En el patio de mayores dimensiones se coloca la escalera que lleva a la cubierta de la casa, la cual sirve como un mirador de 360 grados sobre el valle y las montañas.

La construcción consiste en muros, cartelas y vigas de concreto con un acabado en bruto de tablones dispuestos en forma horizontal, detalles de herrería metálica y grandes cerramientos de paneles de vidrio con marcos de aluminio.

En el terreno también hay un fogatero-mirador independiente a la casa y un mesón exterior para 20 personas, ambos construidos como piezas monolíticas de concreto.

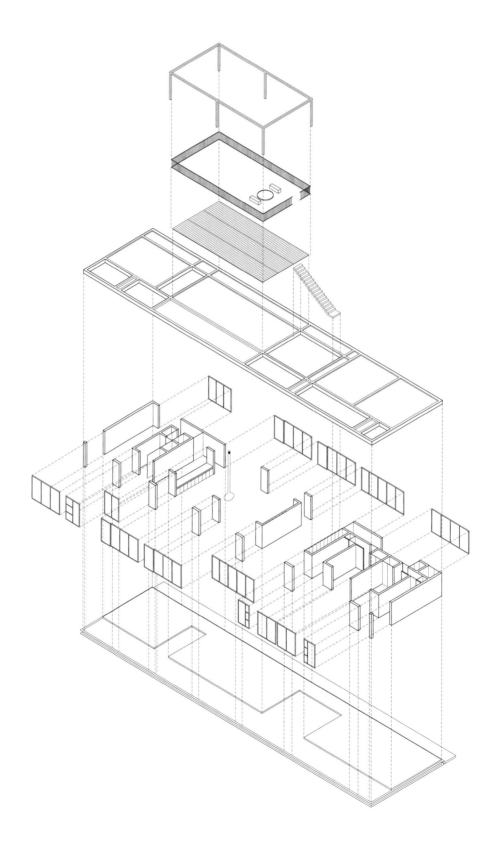

0   5

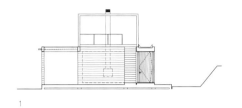

1

2

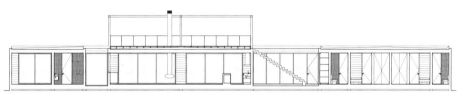

3

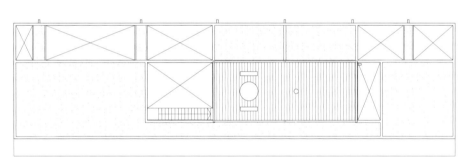

4

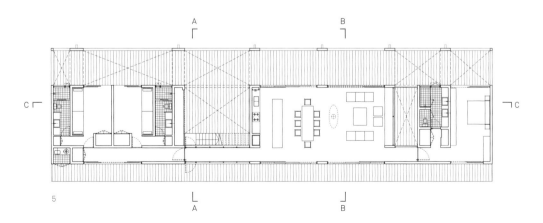

5

MM House

Located in the citrus-fruit growing region of Nuevo León state, this weekend house lies in the middle of an orange orchard. It is raised on a plinth that lifts the gaze to treetop height, bringing the surroundings into the domestic space. At the same time it takes advantage of the foliage to achieve a sense of privacy from the other houses in the ranch, while the elevation also keeps out animals and insects moving around at ground level.

The house is conceived as a large rectangular volume 44 meters in length by 10.4 meters in width, taking advantage of a space left by the arrangement of the trees in the orchard. On a plot without nearby boundaries, the house seeks to create its own by means of blind walls with strategic openings and translucent enclosures formed by metal screens and meshes that provide shade and privacy to the terraces.

Built in ceramic brick—with a glazed finish to increase durability and reduce maintenance—white concrete and glass, the house presents an abstract volume inserted into the landscape, contrasting with both the dark color of the irrigated earth and the green foliage of the trees and the yellow spheres of the fruit, which appear to float around the house.

To this abstract volume a number of appendices are added like branches, extending the program or providing the elements to connect the house to the site: stairs, windows, a circular terrace in the orchard, a cylindrical games room that descends to the level of the terrain to confront the surrounding trees one-to-one.

Inside the house, the program is split into social and private areas, divided by the entrance and by a central patio containing a tree and a staircase leading up to the roof terrace.

The social area is an uninterrupted spatial sequence of kitchen, dining area, lounge and terrace. The private area is a series of bedrooms, each with a balcony looking towards the orchard on the south-east side, separated by individual bathrooms and courtyards providing light and air. The rooms are connected on the inside by a long corridor that conceals the storage areas and also leads to a staircase descending to the service areas located in the basement.

The entire roof forms a landscape of stones above that of the orchard foliage, around a concrete platform that serves as a roof terrace and firepit for nocturnal gatherings.

Casa MM

Montemorelos, Nuevo León | 530 m² | 2021

Ubicada en la zona citrícola de Nuevo León, la casa de campo descansa en medio de una huerta de árboles de naranjos. Se levanta sobre un basamento que le permite llevar la altura de la vista a nivel de los árboles, introduciendo el entorno al espacio doméstico. Al mismo tiempo, aprovecha el follaje para procurar intimidad ante las casas aledañas del rancho. Esta elevación también le brinda protección de los animales e insectos que rondan la huerta a nivel de piso.

La casa se concibe como un gran volumen rectangular de 44 metros de largo por 10.40 de ancho que aprovecha el espacio dejado por el acomodo de los árboles en la huerta. En un terreno sin límites cercanos, la casa trata de crearse los propios por medio de fachadas ciegas con aperturas estratégicas y cerramientos traslúcidos de celosías y mallas metálicas para procurar sombra y privacidad a las terrazas habitables.

Construida en ladrillo cerámico —con acabado vitrificado para reducir el mantenimiento y erosión del material—, concreto blanco y vidrio, la casa es un volumen abstracto insertado en la naturaleza que contrasta con el color oscuro de la tierra removida de la huerta activa constantemente húmeda por el riego, así como del follaje verde de los árboles y las esferas amarillas de sus frutos que flotan alrededor de la casa.

A este volumen abstracto le crecen, como si fuera ramas, algunos apéndices que extienden un poco el programa o los elementos para conectar la casa con el sitio: son escaleras, ventanas, una terraza circular en la huerta, un salón de juego de forma cilíndrica que permite bajar al nivel del terreno y enfrentarse, uno a uno, con la altura de los árboles circundantes.

En el interior de la casa, el programa se separa en dos áreas dedicadas a los ámbitos público y privado respectivamente, divididos por el acceso, un patio central para un árbol y una escalera que lleva a la terraza de la azotea.

El área social es una secuencia espacial ininterrumpida de cocina, comedor, sala y terraza. El área privada es una secuencia de habitaciones pareadas, con balcones hacia la huerta en la fachada sureste y separadas por los servicios correspondientes al igual que sus patios de iluminación y ventilación. Las habitaciones están conectadas en el interior por medio de un largo pasillo que oculta las áreas de guardado y que también conduce a una escalera para bajar a las áreas de servicio ubicadas en el sótano formado por el basamento.

Toda la azotea es un paisaje de piedras sobre el paisaje de follaje de los árboles de la huerta, donde se ha colocado un platón de concreto que sirve para albergar la terraza-fogatero para reuniones nocturnas.

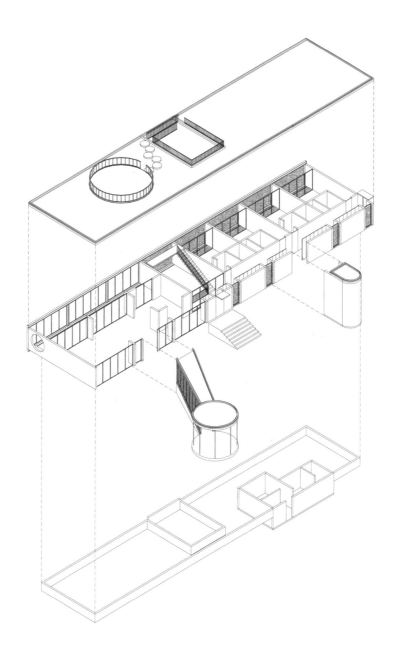

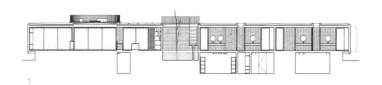

1 Sección A-A / Section A-A
2 Planta de azotea / Rooftop plan
3 Planta baja / Ground floor plan
4 Planta sótano / Basement plan

0   5

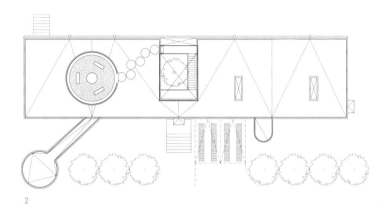

2

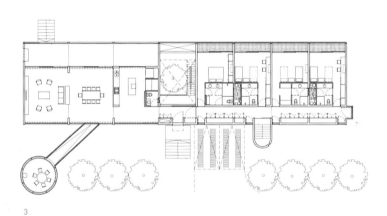

3

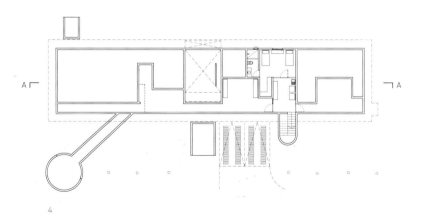

A

A

4

AAF Gallery

The aim of this project is to distribute the gallery spaces in a small, three-story building. The first floor contains a public space for readings and lectures, as well as a kitchen to help prepare exhibition openings. At the rear of this level, a room was created for artist residencies, containing its own bathroom and a patio. This level employs a construction system based on unfinished cinder block walls and a steel deck slab on white-painted I-beams. The enclosures are made specifically for this building from wood, aluminum, glass and metal mesh.

The second level is the open-plan exhibition area intended to display a range of artworks and interventions. This level has walls finished in plaster, white paint and a reinforced waffle slab with coffered formwork that was left exposed.

On the third floor, a reading room also serves as an office and meeting room. This space is clad with strips of pine wood and a ceiling slab of exposed, bare concrete. The gallery is crowned with an open-air patio that also serves as a lookout point when the metal doors enclosing it are opened.

All these spaces are positioned at the center of the plot, leaving the vertical circulation routes on the side of the adjacent property boundary, while the other side forms a lateral patio letting light into the ground floor. This establishes a contrast with the dark ambiance of the circulation block, where the staircases form single flights: a concrete stair in the first section and a timber stair in the second.

The upper levels receive daylight from the short sides of the volume, through folding doors that can be adjusted to provide more or less light and privacy, and also form the front and rear façades. The south-facing lateral wall is clad with corrugated metal to provide a thermal insulation. Combined with the polystyrene-filled blocks used in the walls, this helps to keep interiors fresh during the city's warmest months.

Taken together, these construction, layout and finishing elements serve as artifacts added to the basic structure to provide the building with specific advantages in terms of thermal comfort, light, and appearance.

Galería AAF

Monterrey, Nuevo León | 234 m² | 2020

Se propone repartir los espacios de la galería en un pequeño edificio de tres niveles. El primero contiene un espacio público para lecturas y conferencias, así como una cocina para los preparativos de inauguraciones de las exposiciones. En la parte trasera se dispuso una habitación para residencias de artistas, que contiene un baño propio y un patio. Este nivel presenta un sistema constructivo a base de muros de bloque aparente y losa colaborante metálica sobre vigas IPR pintadas de color blanco. Los cerramientos son diseñados *ex profeso* para esta obra en barrotes de madera, aluminio, vidrio atornillado y malla metálica.

El segundo nivel es el área de exposiciones, un área abierta para admitir diferentes piezas e intervenciones. Este nivel presenta muros con acabado en yeso, pintura blanca y una losa reticular de concreto armado con cimbra en casetones que se dejó expuesta.

En el tercer nivel se encuentra una sala de lectura que funge también como oficina de administración y juntas. Este espacio es recubierto con listones de madera de pino y una losa dentada de concreto aparente sin instalaciones. Remata con un patio al aire libre que también hace de mirador cuando se abren las puertas metálicas de fachada que lo delimitan.

Todos estos espacios están colocados al centro del terreno, dejando las circulaciones verticales en uno de los costados, del lado de la medianera, mientras que el otro se destina a un patio lateral para iluminar el primer piso. Esto contrasta con el bloque de circulaciones que presenta una atmósfera de penumbra espacial. Las circulaciones en este bloque son escaleras de un solo tramo: una escalera de concreto en la primera sección y una escalera de madera en la segunda.

Los niveles superiores se iluminan por los costados cortos del volumen, por medio de puertas-fachada que se abaten para tener mayor o menor cantidad de luz y privacidad, y que también hacen las fachadas frontal y posterior del edificio. Por otro lado, la fachada lateral se recubre de una piel de metal estriada separada del muro, lo cual le brinda una barrera térmica hacia el lado de asoleamiento sur. Esto, junto a muros de bloque rellenos con poliestireno, permiten tener interiores frescos durante los meses de calor de la ciudad.

Al final, todos estos elementos constructivos, de configuración y cerramiento espacial funcionan como artefactos adosados a una estructura, con posibilidades de brindar diferentes ventajas térmicas, lumínicas y sensuales al edificio.

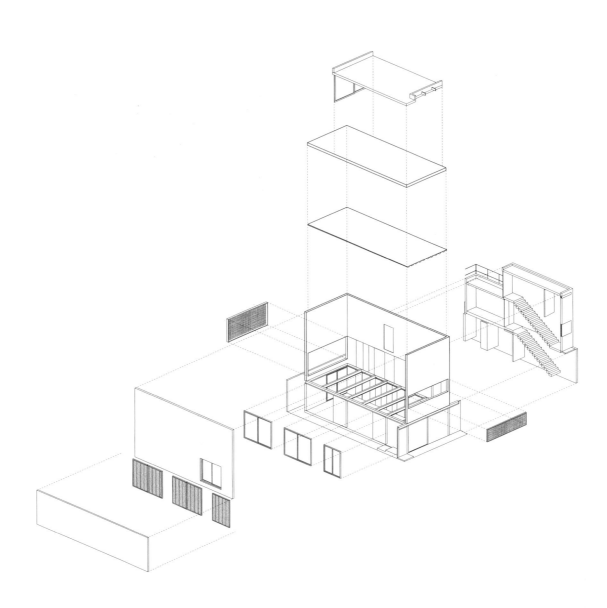

1 Sección A-A / Section A-A
2 Sección B-B / Section B-B
3 Planta segundo nivel / Level 2 floor plan
4 Planta primer nivel / Level 1 floor plan
5 Planta baja / Ground floor plan

0   5

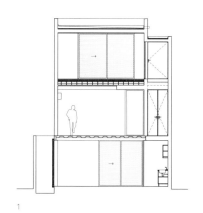

1

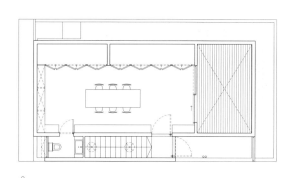

3

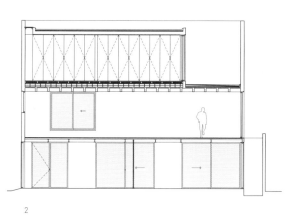

2

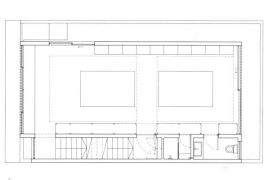

4

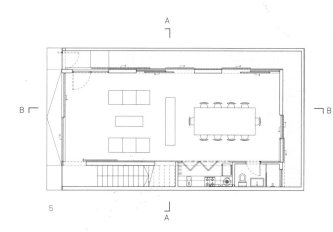

5

Acerca de los autores
About the authors

S-AR es un taller colaborativo de Arquitectura Alternativa con base en Monterrey y la Ciudad de México.

Su trabajo se enfoca en el diseño y desarrollo de proyectos de arquitectura de diversas tipologías y escalas para generar obras arquitectónicas significativas, que hagan una profunda investigación en el uso de materiales, tecnologías adecuadas, habitabilidad y sistemas sociales alrededor del acto del diseño y la construcción de espacios.

Entre los reconocimientos que S-AR ha obtenido destacan el Emerging Voices Award de la Architectural League of New York, el Design Vanguard Award de Architectural Record, el Dwell Design Award, el Blueprint Award, el Primer Lugar en el XXI Premio Obras Cemex, el Award of Merit en los AZ Awards y la Beca Jóvenes Creadores del Fonca-Conaculta. Han sido seleccionados para representar a México en la BAL (Bienal de Arquitectura Latinoamericana), para formar parte del Pabellón de México en la 15 y 16 Muestra Internacional de Arquitectura de la Bienal de Venecia, y para presentar su trabajo en la XX Bienal de Arquitectura y Urbanismo de Chile y en la Bienal MOMENTUM II en Noruega. Su trabajo ha sido parte de las exposiciones "Home Delivery: Fabricating the Modern Dwelling" del MoMA (Museum of Modern Art), "YALA (Young Architects in Latin America). La nouvelle architecture en Amérique Latine en el arc en rêve centre d'architecture", "Häuser für alle" en el IFA (Institut für Auslandsbeziehungen), "Diseñando México. Architettura: Necessità e Libertà" en el Festival Internacional de Arquitectura Mantovarchitettura - Politecnico di Milano, y forma parte de la serie de muestras de la Galería de Diseño y Arquitectura Monoambiente y del programa de exposiciones de LIGA Espacio para arquitectura.

S-AR ha presentado conferencias en diferentes foros y universidades de México y en el extranjero, entre las cuales destacan sus conferencias en la Universidad de Navarra, la ETSAB-UPC, The Architectural League of New York, GSAPP-Columbia University, University of Houston, el espacio de estudio, debate y difusión sobre arquitectura MONTE 153C (Buenos Aires, Argentina) y en la serie de conferencias de Atelier Piloto (Brasilia, Brasil).

S-AR is a collaborative workshop for Alternative Architecture based in Monterrey and Mexico City.

Its work is focused on the design and development of architecture projects of different types and on different scales intended to generate meaningful works that engage deeply with the use of materials and appropriate technologies, habitability and social systems around the act of designing and building spaces.

Recognition received by S-AR includes the Emerging Voices Award from the Architectural League of New York, the Design Vanguard Award from Architectural Record, the Dwell Design Award, the Blueprint Award, First Prize in the 21st Cemex Works Award, the Award of Merit at the AZ Awards and the Young Creators Grant from Fonca - Conaculta. They have been selected to represent Mexico at the BAL (Biennial of Latin American Architecture); as part of the Mexican Pavilion at the 15th and 16th International Architecture Exhibition of the Biennale di Venezia; and to present their work at the 20th Architecture and Urbanism Biennial in Chile and at the MOMENTUM II Biennial in Norway. Their work has been part of the exhibitions "Home Delivery: Fabricating the Modern Dwelling" at the MoMA (Museum of Modern Art), "YALA (Young Architects in Latin America). La nouvelle architecture en Amérique Latine" at the Arc en Rêve Centre d'Architecture, "Häuser für alle" at the IFA (Institut für Auslandsbeziehungen), "Diseñando México. Architettura: Necessità e Libertà" at the Festival Internacional de Arquitectura Mantovarchitettura - Politecnico di Milano, and also forms part of the series of exhibitions at the Galería de Diseño y Arquitectura Monoambiente and of the program of exhibitions at LIGA, Espacio para arquitectura.

S-AR has delivered lectures at numerous forums and universities in Mexico and abroad, including at the Universidad de Navarra, ETSAB-UPC, The Architectural League of New York, GSAPP-Columbia University, University of Houston, the space for the study, debate and dissemination of architecture MONTE 153C (Buenos Aires, Argentina) and at the series of lectures at Atelier Piloto (Brasilia, Brazil).

Carlos Bedoya
(Ciudad de México, 1973)

Arquitecto radicado en la Ciudad de México y socio fundador de PRODUCTORA, un estudio de diseño creado en 2006 junto con Abel Perles, Víctor Jaime y Wonne Ickx. Estudió arquitectura en la Universidad Iberoamericana de México (1992–1998) y es Maestro en Crítica y Proyecto por la Escuela Superior de Arquitectura de Barcelona (1999–2000).

Ha impartido conferencias alrededor del mundo acerca del trabajo de PRODUCTORA, escribe sobre arquitectura en diferentes medios y fue miembro del consejo editorial de la revista *Domus México* de 2010 a 2013. Ha dado clases en el TEC de Monterrey, la Universidad Iberoamericana y el Illinois Institute of Technology en Chicago, además de impartir talleres en Estados Unidos y América del Sur.

Es socio fundador de LIGA (Ciudad de México, 2011) una plataforma independiente que promueve y estimula el intercambio de ideas, así como la investigación de arquitectura contemporánea en América Latina.

Architect based in Mexico City and founding member of PRODUCTORA, a design studio established in 2006 together with Abel Perles, Víctor Jaime and Wonne Ickx. He studied architecture at the Universidad Iberoamericana (1992–1998) and holds a Masters in Project and Critique from the Escuela Superior de Arquitectura de Barcelona (1999–2000).

He has delivered lectures around the world on the work of PRODUCTORA, writes on architecture in different media and was a member of the editorial board of the journal *Domus México* from 2010 to 2013. He has taught at the TEC de Monterrey, the Universidad Iberoamericana and the Illinois Institute of Technology in Chicago, as well as delivering workshops in the United States and in South America.

He is a founder member of LIGA (Mexico City, 2011), an independent platform that promotes and stimulates the exchange of ideas and research into contemporary architecture in Latin America.

Miquel Adrià
(Barcelona, 1956)

Arquitecto por la Escuela Técnica Superior de Arquitectura de Barcelona y Doctor en Arquitectura por la Universidad Europea de Madrid. En 1994 se trasladó a México, y desde entonces compagina práctica, docencia y crítica. Ha publicado más de treinta libros sobre arquitectura mexicana y latinoamericana. Es director de Arquine y del Festival de Arquitectura y Ciudad MEXTRÓPOLI. Es director de la Escuela de Arquitectura en CENTRO.

Graduated as an architect from the Escuela Técnica Superior de Arquitectura de Barcelona / UPC and PhD from the Universidad Europea de Madrid. In 1994 he moved to Mexico, and since then has combined practice, teaching and criticism. He has published more than thirty books on Mexican and Latin American architecture. He is the director of Arquine and the Festival of Architecture and City MEXTRÓPOLI. He is director of the School of Architecture at CENTRO.

Créditos
Credits

Taller S-AR S-AR Studio
Ubicación Location: Monterrey, Nuevo León
Área construida Constructed surface area: 100 m²
Fecha de proyecto Project date: 2009
Fecha de construcción Construction date: 2010-2011
Colaboradores Collaborators: María Sevilla, Carlos Flores
Cliente Client: S-AR
Ingeniería estructural Structural Engineering:
Ing. Jesús González Sáenz
Inspección técnica de la obra Project Management:
S-AR + Gonzalo Tamez
Construcción Construction: Gonzalo Tamez + Enrique López
Fotografía Photography: Ana Cecilia Garza Villarreal

Casa 2G 2G House
Ubicación Location: San Pedro Garza García, Nuevo León
Área construida Constructed surface area: 350 m²
Fecha de proyecto Project date: 2009
Fecha de construcción Construction date: 2010-2011
Colaboradores Collaborators: María Sevilla, Carlos Flores
Cliente Client: Privado Private
Ingeniería estructural Structural Engineering:
Ing. Jesús González Sáenz
Inspección técnica de la obra Project Management:
S-AR + Gonzalo Tamez
Construcción Construction: Gonzalo Tamez + Enrique López
Fotografía Photography: Ana Cecilia Garza Villarreal

Casa de Madera Wooden House
Ubicación Location: Monterrey, Nuevo León
Área construida Constructed surface area: 24 m²
Fecha de proyecto Project date: 2012
Fecha de construcción Construction date: 2012-2013
Colaborador Collaborator: Daniel Treviño
Cliente Client: Privado Private
Ingeniería estructural Structural Engineering:
Gustavo Rojas & Bros.
Inspección técnica de la obra Project Management: S-AR
Construcción Construction: Gustavo Rojas & Bros.
Fotografía Photography: Ana Cecilia Garza Villarreal

Casa 9×20 9×20 House
Ubicación Location: Monterrey, Nuevo León
Área construida Constructed surface area: 227 m²
Fecha de proyecto Project date: 2015
Fecha de construcción Construction date: 2015-2016
Colaborador Collaborator: Marisol González
Cliente Client: Privado Private
Ingeniería estructural Structural Engineering: CM Ingeniería
Inspección técnica de la obra Project Management: S-AR
Construcción Construction: Gonzalo Tamez
Fotografía Photography: Ana Cecilia Garza Villarreal

LIGA 23 – Una columna es un sistema A column is a system
Ubicación Location: Ciudad de México – Buenos Aires
Fecha de proyecto Project date: 2016
Fecha de construcción Construction date: 2016
Colaborador Collaborator: Carlos Valdez
Cliente Client: LIGA Espacio para Arquitectura
(Ciudad de México) – Galería Monoambiente (Buenos Aires)
Inspección técnica de la obra Project Management: S-AR
Construcción Construction: La Invencible (México),
OOAA Oficios Asociados (Argentina)
Fotografía Photography: LGM studio (México),
Manuel Ciarlotti (Argentina)

Capilla de 1200 piezas 1200-Brick Chapel
Ubicación Location: Santiago, Nuevo León
Área construida Constructed surface area: 4.25 m²
Fecha de proyecto Project date: 2015
Fecha de construcción Construction date: 2016
Colaboradores Collaborators: Marisol González,
Carmen García
Cliente Client: Privado Private
Inspección técnica de la obra Project Management: S-AR
Construcción Construction: Gonzalo Tamez, Benancio
Oviedo, José Guadalupe Flores y Damian Flores
Fotografía Photography: Ana Cecilia Garza Villarreal

Capilla La Providencia La Providencia Chapel
Ubicación Location: Monterrey, Nuevo León
Área construida Constructed surface area: 7.8 m²
Fecha de proyecto Project date: 2018
Fecha de construcción Construction date: 2019
Colaboradores Collaborators: Luis Fernando De la Garza,
Gabriela Celis
Cliente Client: Parroquia de la Divina Providencia
Inspección técnica de la obra Project Management: S–AR
Construcción Construction: Daniel Hernández
Fotografía Photography: Ana Cecilia Garza Villarreal

Casa Cosmos Cosmos House
Ubicación Location: Puerto Escondido, Oaxaca
Área construida Constructed surface area: 100 m²
Fecha de proyecto Project date: 2018
Fecha de construcción Construction date: 2019
Colaboradores Collaborators: María Sevilla, Carlos Morales,
Luis Fernando De la Garza
Cliente Client: Privado Private
Ingeniería estructural Structural Engineering: CM Ingeniería
Inspección técnica de la obra Project Management:
Patricio Sodi, Claudio Sodi, Aránzazu de Ariño, S–AR
Construcción Construction: José Ramírez
Interiores y paisajismo Interior Design and Landscaping:
S–AR, Aránzazu de Ariño, Claudio Sodi
Fotografía Photography: Camila Cossío, Claudio Sodi

Casa en Santiago House in Santiago
Ubicación Location: Santiago, Nuevo León
Área construida Constructed surface area: 470 m²
Fecha de proyecto Project date: 2017
Fecha de construcción Construction date: 2021
Colaboradores Collaborators: Carlos Morales,
Marisol González
Cliente Client: Privado Private
Ingeniería estructural Structural Engineering: CM Ingeniería
Inspección técnica de la obra Project Management: S–AR
Construcción Construction: Enrique López
Fotografía Photography: Ana Cecilia Garza Villarreal

Casa en la Sierra de Arteaga House in Sierra de Arteaga
Ubicación Location: Arteaga, Coahuila
Área construida Constructed surface area: 286 m²
Fecha de proyecto Project date: 2013
Fecha de construcción Construction date: 2018–2021
Colaboradores Collaborators: Carlos Morales, Carlos Flores
Cliente Client: Privado Private
Ingeniería estructural Structural Engineering: CM Ingeniería
Inspección técnica de la obra Project Management: S–AR
Construcción Construction: Bernardo Bremer +
Daniel Hernández
Fotografía Photography: Rafael Gamo

Casa MM MM House
Ubicación Location: Montemorelos, Nuevo León
Área construida Constructed surface area: 530 m²
Fecha de proyecto Project date: 2018
Fecha de construcción Construction date: 2021
Colaboradores Collaborators: Carlos Morales, Ernesto Tellez,
Kimberley Loya
Cliente Client: Privado Private
Ingeniería estructural Structural Engineering: CM Ingeniería
Inspección técnica de la obra Project Management: S–AR
Construcción Construction: Enrique López
Fotografía Photography: Rafael Gamo

Galería AAF AAF Gallery
Ubicación Location: Monterrey, Nuevo León
Área construida Constructed surface area: 234 m²
Fecha de proyecto Project date: 2014
Fecha de construcción Construction date: 2020
Colaboradores Collaborators: Carlos Morales,
Marisol González
Cliente Client: Privado Private
Ingeniería estructural Structural Engineering: CM Ingeniería
Inspección técnica de la obra Project Management: S–AR +
Gonzalo Tamez
Construcción Construction: Gonzalo Tamez + Enrique López
Fotografía Photography: Ana Cecilia Garza Villarreal

S–AR

Primera edición, 2021
First edition, 2021
ISBN 978-607-9489-84-7

© Arquine, SA de CV
Ámsterdam 163 A
Colonia Hipódromo, 06100
Ciudad de México

Textos Texts
© S–AR (César Guerrero, Ana Cecilia Garza)
© Miquel Adrià
© Carlos Bedoya

Fotografía Photography
© De los autores indicados en los créditos
Authors listed on the credits page

Dirección general Director
Miquel Adrià

Edición Editors
Miquel Adrià, Andrea Griborio

Dirección editorial Editorial Director
Brenda Soto

Diseño editorial Editorial Design
Ápice | Maira Fragoso

Traducción Translation
Fionn Petch

Corrección de estilo y lectura de pruebas
Copy Editing and Proofreading
Christian Mendoza, Quentin Pope

Preprensa Prepress
A. Andrés Monroy

arquine.com
s–ar.mx

S-AR fue impreso y encuadernado en noviembre de 2021 en Artes
Gráficas Panorama, en la Ciudad de México. Fue impreso en papel
Bond de 120 g. Para su composición se utilizaron las familias
tipográficas Mixta Pro de Latinotype y Akkurat de Lineto.
El tiraje consta de 2 000 ejemplares.

S-AR was printed and bound in November 2021 by Artes Gráficas
Panorama, Mexico City. It was printed on 120 gsm Bond paper and
set in Mixta Pro typefaces from the Latinotype type foundry
and Akkurat from the Lineto type foundry.
The print run was 2 000 copies.